밥상과 책상 사이

밥상과 책상 사이

지은이 | 윤일현
발행인 | 신중현

초판 발행 | 2018년 11월 1일

펴낸곳 | 도서출판 학이사
출판등록 | 제25100-2005-28호

대구광역시 달서구 문화회관11안길 22-1(장동)
전화_(053) 554-3431, 3432 팩시밀리_(053) 554-3433
홈페이지_http://www.학이사.kr
이메일_hes3431@naver.com

이 도서의 국립중앙도서관 출판예정도서목록(CIP)은 서지정보유통지원시스템
홈페이지와 국가자료공동목록시스템(http://www.nl.go.kr/kolisnet)에서 이용
하실 수 있습니다.(CIP제어번호: CIP2018034225)

ISBN_979-11-5854-154-5 03040

'이 이 도서는 한국출판문화산업진흥원의 출판콘텐츠 창작 자금 지원 사업의
일환으로 국민체육진흥기금을 지원받아 제작되었습니다.'

부모와 자녀가 함께 읽는 행복 교과서

밥상과 책상 사이

윤일현 지음

學而思 | 학이사

밥상이 행복해야 책상이 즐겁다

서울에서 공부하던 둘째 아이가 어느 날 집에 와서 아내에게 말했다. "논어 선생님이 '어머니께서 너희 남매를 키울 때 다른 엄마와 가장 달랐던 점이 무엇이라고 생각하느냐'라고 물으셨는데, 한참 생각해봐도 별다른 것이 없어서 '우리 엄마는 먹는 것에 신경을 많이 썼습니다.'라고 답했어요. 엄마 내 말 맞나요?" 아이 엄마는 "네가 그렇다고 생각하면 그렇겠지"라고 답했다. 그 젊은 선생님은 초·중학생을 둔 학부모여서, 두 아이를 명문대 의대와 경제학과에 보낸 엄마에게 어떤 특별한 비법이라도 있는지 궁금했던 것이다.

3대가 함께 살았던 우리 집은 아이 말대로 먹는데 신경을 많이 쓴 것 같다. 아이들은 식사할 때 늘 조부모의 시중을 들었고, 할머니는 아이들을 각별하게 챙겼다. 생선 반찬이 나오면 언제나 손자 손녀를 위해 뼈를 발라주셨다. 할머니는 잔가시를 뽑아내면서 옛날 이야기를 많이 하셨다. 아이들은 조부모가 섭섭해할까봐 식사를 마친 후에도 밥상에서 한참 공부하다가 자기 방으로 들어가곤 했다. 할머니는 시계를 보고 아이들 방에 들어가서 "아이고 내 새끼 장하다."며 어깨를 두드려 주고 간식을 먹이곤 하셨다. 우리 집은 밥상이 책상이고, 책상이 밥상이었다.

대학을 졸업하고 직장 생활을 하고 있는 아이들이 집에 오는 날이면 지금도 아내는 정성껏 밥상을 차린다. 아이들은 엄마의 밥상이 최고라고 말하며 늘 감탄한다. 둘째는 생선 반찬이 나오면 엄마에게 뼈를 발라달라고 한다. 잔가시를 뽑아내면서 자연스럽게 이런저런 관심사를 주고받는다.

밥상은 단순히 밥그릇을 올리는 가구가 아니다. 밥상과 밥상머리는 어제와 오늘, 내일이 함께 공존하는 곳이다. 밥상머리에서 우리는 과거라는 샘에 보존되어 있는 삶의 지혜와 아름다운 서정의 맑은 물을 퍼 올려 오늘이라는 나무가 잘 자라도록 영양분을 공급한다. 오늘의 나무에 열리는 내일이라는 열매가 알차게 영그는데 필요한 따뜻한 격려의 말과 세상의 풍파에 맞설 자존감은 밥상머리에서 만들어진다.

밥상이 행복해야 책상이 즐겁다. 책상에서 맛보는 지적 희열은 밥상을 천국의 만찬장으로 만들 수 있다. 행복한 자녀 교육과 화목한 가정을 위해 이 책이 조금이나마 도움이 될 수 있으면 좋겠다.

2018년 가을
윤일현

1부

내 마음속 감나무

밥상이 행복해야 책상이 즐겁다.
밥상머리에서는 온 가족이 함께할 즐거운 행사나
자녀의 꿈에 대해 이야기하는 시간이 많아야 한다.
어려움을 슬기롭게 극복하는 힘,
특히 힘들고 부정적인 상황에서
자기 파괴적인 행동에 빠지지 않는 자제력과
인내심은 밥상머리에서 시작된다.

내 마음속 감나무

　　　　　　　　어느 봄날 아침, 엄마는 밭에
나가면서 감나무 밑 살평상에 나를 안아 올리고는 연민에
가득 찬 눈빛으로 말했다. "맨발로 돌아다니다가 사금파
리에 베이지 말고, 뾰족한 돌에 찔릴 수 있으니 도랑에 나
가 물장난도 치지 마라. 잠 오면 여기 누워 자거라. 돌아와
참기름에 밥 비벼 줄게." 감꽃은 뚝뚝 떨어지고, 뒷산 뻐
꾸기 소리 아득하게 들리다가 모든 것이 차차 희미해졌다.
해가 감나무 꼭대기에 걸렸는데도 엄마는 오지 않고, 언제
나처럼 배가 고팠다. "엄마는 언제 와서 밥 주나?" 하는 생
각을 끝으로 잠이 들었다. "아이고, 고개는 부러지도록 비

틀고, 침은 또 이렇게 질질 흘렸네. 이 불쌍한 막둥이, 밥 줄게." 몸을 구긴 채 잠들어 있는 나를 안고 얼굴에 묻은 침을 치맛자락으로 닦아주시던 엄마, 나른한 봄날의 풍경, 여섯 살 전후 때의 기억이다.

가을날 오후, 아버지를 따라 밭에 가는 일은 늘 즐거웠다. 산 입구에서 대추를 따 먹는 것이 항상 좋았다. 산 중턱 천수답 한쪽 모퉁이에 커다란 감나무가 있었다. 벌레 먹은 감은 빨리 홍시가 되었다. 아버지는 나무를 죽 훑어보시고 홍시를 두서너 개씩 따 주셨다. 나는 홍시를 반으로 갈라 벌레를 꺼낸 후, 붉은 점액질의 매끄러운 질감과 단맛에 빠져들곤 했다. 어느새 가을해 서산으로 넘어가고, 형 주려고 홍시 한두 개를 손에 들고 논두렁길을 따라 집으로 돌아갈 때, 노을에 젖은 아버지의 얼굴은 한잔 취했을 때처럼 벌겋게 달아올랐다. 홍시보다 진한 핏빛 노을과 지게를 진 아버지의 허리가 유난히 구부정해 보이던 날의 풍경이 아직도 눈에 선하다. 가을밭에 가면 배가 고프지 않았다. 어른이 되고 나서야 이런 속담이 있다는 걸 알았다. '가을밭에 가면 가난한 친정 가는 것보다 낫다.'

"나는 보기 위해서 눈을 감는다."라고 한 화가 폴 고갱의 말에 정말 공감한다. 눈을 뜨고 있으면 안 보이는데, 눈을 감으면 그 감나무를 둘러싸고 일어났던 크고 작은 일들이 파노라마처럼 펼쳐진다. 허기진 그 시절을 거쳐 온 수

많은 사람들이 그렇듯이, 나에게도 헤어나기 힘든 절망적인 상황과 불운의 포위망에 갇혀 숨도 쉴 수 없는 참담한 순간이 많았다. 그때마다 나는 용케도 그 난관을 헤쳐 나올 수 있었다. 어머니의 눈빛과 참기름에 비빈 밥, 아버지의 구부정한 허리와 홍시, 이와 함께 떠오르는 연민과 감사의 마음이 나를 견디게 한 것이다.

아이들에게 살구나무나 대추나무, 감나무의 추억을 만들어 주자. 도시에 그런 나무들이 어디 있느냐고 말하지 않아도 된다. 어느 날 아파트 조경수 아래로 나가, 풀빵 한 봉지 들고 하교하는 아이를 기다려 보자. 헐떡거리며 뛰어오는 배고픈 아이와 나무 그늘 벤치에 앉아, 정감 어린 담소를 나누며 풀빵을 먹어보자. 아이는 훗날 풀빵 맛과 그 나무, 그 벤치, 엄마의 눈빛과 손길을 반드시 기억할 것이다.

우리는 매사에 너무 서두르고 각박하다. 아무리 학원 보내는 일이 급하고, 성적 올리는 일이 중요해도 아이의 가슴속에 영원히 살아있을 마음속 감나무 한 그루 심는 여유는 가져야 한다. 유소년기 때 경험한 충만한 행복감이 성년의 어려움을 극복하게 하는 힘의 원천이 될 수 있기 때문이다.

행복한 밥상 즐거운 책상

　　둥그런 둘레 밥상, 온 가족이
둘러앉아 밥을 먹는다. 식사가 끝나고 흘려놓은 반찬, 김
칫국물, 밥알, 얼룩 등을 닦아내고 나면 그것은 책상으로
바뀐다. 형제자매가 머리를 맞대고 앉아 일제히 공부를 시
작한다. 한참 시간이 지나 놀고 싶으면 다리를 뻗어 맞은
편 동생이나 형의 발을 툭 치며 유혹한다. 발짓, 눈짓으로
합의를 보면 대충 책을 치우고 상다리를 접고 나서, 땅따
먹기 놀이나 대문 옆 감나무에 달려있는 빨간 홍시를 따먹
기 위해 밖으로 나간다.
　커다란 둘레 밥상은 온 가족이 명절이나 기제사와 같은

가족 행사를 준비하는 공동 작업대이기도 하다. 엄마와 아이들이 옹기종기 붙어 앉아 송편을 빚고, 아빠는 밤을 친다. 뒤에 앉아 제사에 쓸 콩나물을 다듬는 할머니가 이따금 어깨 너머로 반죽이 질다거나, 속이 너무 달지 않느냐는 식으로 애정 어린 잔소리를 한다. 아이들은 그 모든 과정에 직접 참여하면서 음식 만드는 법을 배우고 기본적인 예의범절을 몸에 익힌다. 불과 얼마 전까지만 해도 둘레밥상은 이렇게 다용도 이동식 가구였다. 그것은 가족 구성원을 물리적, 심리적으로 항상 서로 가까이 접촉하게 해주는 매개체였다.

주거환경이 개선되고 국민 절대 다수가 아파트나, 아파트와 비슷한 실내 구조를 가진 집에 살면서 밥상(식탁)과 책상이 분명하게 분리된 공간에 산다. 밥상에 함께 머무는 시간이 줄어들고 밥상과 책상 사이가 멀어지면서, 부모 자식 간의 거리도 멀어지고, 형제자매 간의 유대감도 약해졌다.

아침에 눈 뜨면 각자 자기 시간에 맞추어 후다닥 밥을 먹고 나간다. 저녁 식사 시간도 제각각인 집이 많다. 아버지는 밖에서 외식을 하고, 아이는 학교에서 급식을 한다. 가족이 다 들어온 후 서로 얼굴을 보고 나서 비슷한 시간대에 잠을 자는 집도 별로 없다. 아이에겐 집이 휴식 공간이 아니다. 현관에 들어서는 순간 엄마는 학원에 다녀왔는가를 묻고, 교재는 어디까지 배웠는지를 확인한다. 우리는 가족이면서 서로 낯설고 때론 서먹하다.

밥상이 행복해야 책상이 즐겁다. 밥상머리에서는 온 가족이 함께할 즐거운 행사나 자녀의 꿈에 대해 이야기하는 시간이 많아야 한다. 어려움을 슬기롭게 극복하는 힘, 특히 힘들고 부정적인 상황에서 자기 파괴적인 행동에 빠지지 않는 자제력과 인내심은 밥상머리에서 시작된다. 밥상에 앉으면 모든 피로가 풀리고 마음의 위안과 평화, 세상을 버티어 낼 수 있는 힘과 용기를 얻을 수 있어야 한다.

밥상에 앉아있는 시간을 늘리고 밥을 천천히 먹으며, 보다 많은 대화를 하려고 노력하자. 밥상에 앉아 있는 시간이 더 늘어나고, 그 시간이 즐거울 때, 온 가족이 더욱 행복해지고, 자녀들은 기쁜 마음으로 책상에 가서 보다 오래 앉아 있을 수 있다.

만화경과 어린이

어린 시절 만화경을 만들어
본 경험이 있는가. 기다란 직사각형 거울 세 개를 60도 각
도로 연결한 정삼각형 내부에 색종이 조각을 넣고 돌리면
서 보면 신비롭고 환상적인 대칭무늬가 무한대로 만들어
진다. 동네 아이들이 한자리에 앉아 크기와 모양이 거의
똑같은 만화경을 만들지만, 각각의 만화경이 만들어내는
형체는 다 다르다. 처음 만화경을 만드는 아이들은 대개
색종이를 찢어 넣는다. 경험이 쌓이면서 반짝이는 금속 조
각, 색유리, 구슬 등 다양한 물체를 넣어본다. 만화경이 아
이들에게 주는 최대의 교훈은 비슷한 내용물을 넣어도 똑

같은 모양은 없고, 어느 누구의 것도 언제나 환상적인 무늬를 만들어낼 수 있다는 것이다. 만화경은 황홀감과 신비감의 경험을 통해 상상력을 풍부하게 하고 감각과 감성을 예민하게 만든다. 이 경험은 아이들로 하여금 부지불식간에 다양성의 가치를 체득하게 해준다.

젊은 날 인류학자 클로드 레비 스트로스의 책을 읽을 때, 머리에 맨 먼저 떠오른 것은 만화경이다. 서로 달라 보이는 문명도 실상은 인류가 공통적으로 가지고 있는 기본 요소들이 다양하게 얽히면서 만화경처럼 서로 다른 모습으로 전개된 것에 불과하다. 이 세상에는 원시 문명도 선진 문명도 존재하지 않는다. 모든 신화 속에 들어있는 기본 내용과 근친혼 금지 같은 문명을 이루는 핵심 내용은 서로 같다. 같은 문제에 대한 대응과 표현의 차이가 있을 뿐이다.

레비 스트로스는 미개인이라고 해서 생각하지 않는 것이 아니라고 했다. 그들의 사상도 우리의 사상에 뒤지지 않는다. 서구의 사상은 항상 분명한 설명과 논증을 요구하지만, 그들은 사상을 주무르고 조작하기 때문에 감각이 도주하고 만다. 반대로 미개인은 개념과 추상이 아니라 감각과 색채, 느낌과 경험으로 배우고 움직인다. 그는 '슬픈 열대'에서 자신과는 다른 삶의 방식을 가지고 있는 사람들을 야만적이고 비합리적이라고 낙인 찍는 서구인들의 오만과 폭압을 질타하며, 그들이 황폐하게 만든 열대의 원주민 사회를 보며 느낀 말할 수 없는 슬픔과 우울을 잘 묘사하고 있다. 그는 인간 본성을 찾기 위해 길을 떠나는 사람은 자신의 배를 태워버리지 않으면 안 된다고 강조했다. 그는 기독교와 불교가 접촉했더라면 서구문명은 훨씬 더 유연해졌을 것이라고도 말했다.

우리 아이들은 만화경과 같다. 그 속에 정말로 필요한 몇 가지만 채워넣어도 무한한 창조를 해낼 수 있다. 유소년기에는 그 무엇보다도 자신의 몸이 좋은 만화경이 될 수 있도록 건강하게 성장해야 한다. 만화경 속에 너무 많은 것을 넣으면 안 된다. 핵심적으로 중요한 것들만 적당하게 넣어야 갖가지 아름다운 모양이 창조된다. 여백의 공간이 없다면 만화경은 제 기능을 발휘하지 못한다. 우리는 서구인들이 원시사회에 저질렀던 것처럼, 어린이라는 만화경 속에 부모가 원하는 것들만 넣으려고 해서는 안 된다. 감성과 감동, 색깔이 없는 지식 조각은 만화경 속에 넣고 아무리 돌려도 아름다운 형상을 만들어 낼 수 없기 때문이다.

우물

　　해 질 녘 마을 공동 우물가는
늘 활기가 넘쳤다. 동네 아낙네들은 함께 모여 쌀을 씻고,
나물을 다듬어 물에 헹구었다. 여러 명이 한꺼번에 쌀을
씻을 때 나오는 하얀 쌀뜨물이 도랑으로 흘러내리면, 마을
에서 유명한 술주정뱅이 영감을 둔 할머니가 지나가며
"누가 저 아까운 막걸리를 쏟아버리나. 우리 영감더러 마
시라 하면 환장할 건데."라고 중얼거리면 모두가 까르르
넘어갔다. 우물 근처에는 해당화, 찔레꽃, 앵두나무, 탱자
나무, 모과나무 등이 적당한 간격을 유지한 채 제멋대로
서 있었다. 햇살이 사선으로 나무에 걸리면, 여인들의 얼

굴은 볼그스름하게 노을에 물들었다.

간혹 어두운 표정으로 푸성귀만 씻어 황급히 사라지는 여인도 있었다. 눈치 빠른 이웃이 잠시 후 그 집을 찾아 가서 "양식 떨어졌나. 쌀 반 양푼 가져 왔으니 이걸로 아이들 죽이나 끓여 먹어라." 하고는 총총히 사라졌다. 아낙네들은 마을 우물가에서 시어머니 흉을 보며 된 시집살이가 주는 스트레스를 해소했고, 농담과 잡담 속에서도 서로의 표정과 몸짓, 눈빛을 살피며 상대의 어려움을 직감하고 도움의 손길을 내밀었다. 혹독한 보릿고개도 인정 많은 이웃이 있어 함께 손잡고 넘어갈 수 있었다.

서너 집 건너 한 집 정도는 집안에 개인 우물이 있었다. 여름날 학교에서 돌아오면 바로 우물가로 갔다. 얼기설기 엮은 망태기에 수박이나 참외, 자두 등을 넣어 우물에 담가 두었기 때문이다. 망태기를 건져 올릴 때, 물이 일렁이며 자신의 얼굴을 일그러지게 하는 모습을 바라보는 것도 재미있었다. 여름 대낮 누나가 등목을 해줄 때, 차갑다고 소리치면 엄살 부리지 말라며 등을 찰싹 한 대 때리던 그 손길, 국수를 삶아 헹구며 사리를 만들 때 국수를 돌돌 말아 입에 넣어주던 엄마의 그 손길을 우리는 잊지 못한다.

객지를 떠돌던 사람들이 고향에 와서 제일 먼저 찾는 곳은 주로 초등학교 운동장, 마을 뒷산, 정자나무, 강변 모래사장, 낙조의 강둑, 우물가 등이다. 공동 우물가에 서면 마을에 떠돌던 온갖 소문과 사건들이 주마등처럼 스쳐간다. 자기 집 우물가에서는 제삿날 분주하게 움직이던 할머니와 엄마의 모습을 떠올린다. 우물가 봉숭아를 보며 손톱에 분홍물을 들여 주던 누나를 생각하고, 옆집 아이와 깨진 기왓장을 갈아 그릇을 만들고, 분꽃 씨앗을 빻아 화장을 하던 소꿉놀이를 생각한다.

가스통 바슐라르는 유년기는 '존재의 우물'이라고 말했다. 유년의 체험은 '단순한 행복의 원형'으로, 한 개인으로 하여금 행복한 이미지를 이끌어내게 하고, 불행의 경험을 밀어내게 하는 이미지의 중심이라고 했다. 유년의 우물은 유년의 아름답고 슬픈 모든 추억과 경험을 온전한 원형으로 맑고 투명하게 담은 채 한평생 가슴속에 유지된다. 우리 아이에게, 가족 모두에게 영원히 마르지 않는 '존재의 우물'을 만들어 주자. 온 가족이 함께 손잡고 걷는 고궁, 풀밭, 호숫가, 해변, 도시 공원, 그 어떤 곳이라도 가슴 뭉클한 추억을 남길 수 있다면, 그 모든 곳은 '존재의 우물'이 될 수 있다.

할머니의 시간

　　　　　　날마다 할머니 곁에 찰거머
리처럼 붙어, 잠들 때까지 옛날이야기를 해달라고 졸라대
는 손자가 있었다. 할머니는 호랑이 담배 피우던 시절부터
난리통에 피란 가서 고생한 일까지 온갖 이야기를 청산유
수로 늘어놓곤 했다. 드디어 밑천이 떨어지게 되면 마지막
으로 하는 이야기가 있다.

　"옛날 옛적 달비골이라는 마을에 태어나자마자 어미가
죽은 불쌍한 아이가 있었단다. 어미가 죽고 일 년 만에 애
비도 병으로 죽게 되었지. 할애미(할머니)는 손녀가 다섯 살
까지는 동냥젖을 얻어 먹여가며 애지중지 길렀단다. 나이

가 들어 자기 몸 하나 추스르기도 어렵고, 아이를 먹여 살리기도 힘들게 되자, 손녀를 먼 친척 부잣집에 수양딸로 보낼 수밖에 없었지. 할애미는 손녀를 보내고 눈물로 세월을 보냈단다. 어느 날 할애미는 손녀가 너무 보고 싶어 집을 나섰단다. 할애미는 장에 가서 커다란 수박을 하나 사서 들고는 염천 더위 속을 바삐 걸었단다. 손녀가 사는 마을은 큰 고개를 두 개 넘어야 했지. 소금 단지보다 무거운 수박을 들고 있었지만 고개 하나는 단숨에 넘었단다. 땀이 비 오듯이 쏟아졌지만 두 번째 고갯마루까지 용케 당도할 수 있었단다. 고갯마루에 서니 손녀가 사는 집이 멀리 산 아래로 아득하게 보였고, 할애미는 잠시 땀을 닦으려고 수박을 곁에 놓고 주저앉았단다. 그때 갑자기 세찬 바람이 불어와 수박이 그만 고개 아래로 굴러 떨어지게 되었단다. 수박이 계속 데굴데굴 굴러 가고 있다. 아직도 굴러내려 가고 있단다. …"

이야기가 펼쳐지는 주요 장면마다 보태지는 할머니의 의성어와 의태어는 극적인 효과를 더한다. 수박 없이 손녀를 만나게 될 그 다음 이야기가 너무 슬프고 궁금하여 손자는 빨리 다음 이야기를 해 달라고 조른다. 할머니는 아직 수박이 굴러 내려가고 있기 때문에 다 굴러가고 나면 그 다음 이야기를 해 주겠다고 말한다. 손자는 수박이 구르기를 멈추었는지를 계속 묻다가 잠이 든다. 그 다음 날 아이는 눈을 뜨자마자 어떻게 되었느냐고 묻는다. 할머니는 어떻게 되었을 것 같으냐고 오히려 손자에게 물어본다. 손자는 수박이 깨지기 전에 산신령님이 받아 주어 할머니와 손녀는 수박을 맛있게 잘 먹었을 거라고 답한다. "아이고, 내 새끼. 똑똑하기도 하지. 그래, 네 말대로 산신령님이 수박을 받아 주었단다."라고 말하며 조손이 꼭 끌어안고 볼을 비빈다.

유년의 시간은 종잡을 수 없다. 정신없이 놀 때는 금방 해가 기울고, 밭에 나간 엄마를 기다릴 때 시간은 너무도 느리게 흐른다. 할머니는 언제나 시간 밖에 있는 존재였고, 시간의 길이를 멋대로 늘였다 줄였다 하는 마술사였다. 대동아 전쟁과 6·25를 하루 저녁 만에 재현할 수도 있지만, 수박이 다 굴러 내리는 데 꼬박 하룻밤이 걸리기도한다. 유년의 시간은 일정한 템포로 흘러서는 안 된다. 우리는 아이들에게 너무 각박하고 빈틈없는 시간관념을 강요하고 있다. 상황에 따라 그 길이는 달라져야 한다. 나른하게 늘어진 나태와 여유가 없는 곳에서는 상상력과 창의력이 배양되기가 어렵기 때문이다.

홍옥

　　30~40년 전만 해도 불로동, 지저동, 동촌, 반야월 등의 대구 인근에는 사과나무가 많았다. 그 당시 전국에서 가장 유명하다던 대구 사과는 바로 이곳에서 생산되었다. 그렇게 유명하던 대구 사과가 사라진 지는 오래됐고, 이제는 경산, 영천, 청도 같은 곳도 사과 농사가 안 된다. 지구 온난화는 사과 재배지를 계속 북상시켰다.

　사과 재배지의 이동과 사과 품종의 교체를 지켜본 사람들은 '홍옥'이 사라진 것에 특히 많은 아쉬움을 표한다. 홍옥은 19세기 초반 미국에서 처음 재배되었고, 한국에 들어온 후 오랫동안 사람들의 사랑을 받은 품종이다. 익는 시기는 9월 말에서 10월이다. 모양은 둥글고 껍질은 빨갛다. 많이 익으면 검붉은 색을 띤다. '빨간 사과' 란 바로 홍옥을 두고 하는 말이다. 홍옥은 새콤하면서도 달콤하여 사과 고유의 맛을 가장 잘 간직하고 있다. 사과를 즐기는 많은 사람들이 홍옥은 사과 맛의 여왕이라고 말한다.

이런 홍옥이 사라지게 된 이유는 몇 가지로 요약된다. 홍옥은 껍질에 크고 작은 검은 반점이 생기는 등 병에 잘 걸리고, 수확 전에 낙과가 심하고 저장에 약하다. 골든, 국광 같은 예전의 품종도 거의 사라졌다. 이제는 8월 말의 '아오리(쓰가루)', 추석 무렵의 '홍로' 를 거쳐 '부사' 가 그 다음해 햇사과가 나올 때까지 대세다. 부사는 너무 밋밋하거나 지나치게 달다.

통계청이 밝힌 '2016년 5월 청년층 부가조사 결과' 에 따르면 청년층 비경제활동 인구 중 취업준비자는 65만2천 명이다. 그 중에 26만 명이 공무원 시험을 준비하는 공시족이다. 문제는 절대 다수가 공무원, 대기업, 공기업만 찾는데 있다. 사회안전망이 취약하고 고용불안이 계속되다 보니 직업의 안정성이 모든 다양성을 삼켜버렸다. 대학입시도 마찬가지다. 인문계 최상위권은 상경계, 자연계 최상위권은 의·치·한·수의학과에 몰린다. 상당수는 이들 학과에 목숨을 건다.

사과 농사에 비유하면 모두가 부사 농사만 짓겠다는 것이다. 절대 다수의 고등학교가 일주일 내내 아침부터 밤 늦게까지 수업과 자율학습을 되풀이한다. 모두가 동일한 방식으로 생활한다. 대한민국 대부분 학교가 부사 농사만 짓는다. 수시 학생부종합전형이란 같은 품종의 사과를 두고 크기와 당도를 기준으로 물건을 고르는 것과 같다. 향후 3년만 지나면 전국 상위권 학생 대부분은 크기와 당도가 비슷해져 대학은 선발에 애를 먹을 것이다. 학생부에 기록된 내용이 비슷하여 변별하기가 어려울 것이라는 뜻이다. 상품성 기준에 미달되는 부사처럼 나머지 학생은 어떻게 될 것인가.

생물다양성은 인류의 생존과 생태계의 안정을 위해 반드시 유지되어야 한다. 생물다양성의 감소는 생태계 파괴를 가속화시킬 것이고 궁극에는 인간을 위협하게 된다. 인간의 정치, 경제, 사회, 문화 활동 전반에도 다양성이 보장될 때, 그 사회는 활력과 창의력이 유지되고 발전하게 된다. 세상물정 모르는 소리겠지만 홍옥 같은 독특한 맛과 향을 가진 품종도 재배해야 한다. 교육도 마찬가지다. 어린 시절 즐겨 먹던 홍옥이 그리운 계절이다.

이 가을이 가기 전에

    영화 '죽은 시인의 사회'는 1950년대 보수적인 남자 사립학교를 배경으로 한다. 전통과 명예를 중시하는 미국 뉴잉글랜드의 명문 웰튼 고등학교는 아이비리그 진학률 70% 이상을 자랑하는 입시사관학교다. 영화에 나오는 대사는 오늘 우리에게 그대로 적용할 수 있어 흥미롭다. 절대 권력을 가진 부모는 아들이 부모의 기대에 부응할 수 있는 최고의 방법은 공부에 최선을 다하는 것임을 강조한다. 아버지가 "넌 하버드에 들어가서 의사가 돼야 해. 의대를 졸업하게 되면 그땐 네 마음대로 해."라고 말한다. 오늘의 우리 부모도 자녀들에게 "우리가 원하는 명문대만 들어가면 네가 하고 싶은 것은 무엇이든 할 수 있게 해 줄게."라고 말한다.

　신학기에 영어교사로 새로 부임한 존 키팅 선생님은 수업 첫 날부터 입시만을 위한 것보다는 자신의 인생을 스스로 설계하라고 충고한다. '현재를 즐겨라(Carpe diem)' 라고 가르치며, 시가 흐르는 교실을 만들자고 말한다. 그는 책상 위에 올라가서 "내가 왜 이 위에 섰을까? 이 위에서는 세상이 무척 다르게 보이지. 잘 알고 있는 것이라도 다른 시각에서 보아라. 틀리거나 바보 같아도 반드시 시도하라."고 말하며 '자기만의 시선' 을 강조한다.

　2016년 구글의 인공지능(AI) '알파고 리' 는 이세돌 9단을, 그 다음해 '알파고 마스터' 는 중국의 커제 9단을 완파했다. 이어서 구글 딥 마인드가 세계적인 과학잡지 '네이처' 에 발표한 '인간 지식 없이 바둑 정복하기' 는 우리에게 엄청난 충격과 기대를 동시에 주었다.

　'알파고 제로' 란 명칭이 붙은 새 알파고는 기존의 기보나 이론을 공부하지 않고, 다시 말해 인간의 데이터와 경험을 이용하지 않고, 혼자 바둑을 두면서 실력을 배양하여 불과 사흘 만에 기존의 알파고를 넘어섰다. 스스로 학습하는 AI가 나오고 있는데 우리의 교육 방식은 아직도 기존의 관성과 관행에서 벗어나지 못하고 있다. 제레미 리프킨은 "우리의 모든 교육방식은 1차 산업혁명이 있었던 19

세기의 방식과 똑같다."고 지적했다.

테슬라의 최고 경영자 일론 머스크는 "미래 사회는 인공지능이 상용화되어 20%의 인간만이 의미 있는 직업을 가지게 될 것"이라고 말했다. 노동 없는 미래, 노동 시간이 획기적으로 단축되는 시대를 위해 우리는 어떤 대비를 해야 하는가. 존 키팅은 "인생을 독특하게 살아라. 말과 언어는 세상을 바꿀 수 있다. 시가 아름다워서 읽고 쓰는 것이 아니다. 인류의 일원이기 때문에 그렇게 하는 것이다. 시와 미, 낭만, 사랑은 삶의 목적"이라고 말한다. 의사, 판검사, 회사원, 기술자 등의 직업은 삶을 유지하기 위한 수단이지만 아름다움, 낭만, 사랑, 재미 등은 우리가 추구해야 할 생의 목적이다.

잡다한 지식의 암기와 축적된 정보의 양보다는 창의력과 상상력, 예민한 감성 등이 새로운 생존 수단이 되는 시대다. 이런 자질은 아날로그적인 전인교육과 독서를 통해 배양된다. 이 가을이 가기 전에 고전 명작 한 권, 시집 한 권은 읽어보자.

기본기와 창의력

"아프리카 대륙 어느 강 유역에 원시부족이 살고 있었다. 어느 날 갑자기 백인들이 나타나 강 상류에 거대한 댐을 건설하기 시작했다. 10여년 후에 댐이 완공되면 강물이 급격히 줄어들어 그들의 생활환경에 엄청난 변화가 올 수밖에 없는 공사였다. 이를 모르는 원시부족은 자손들에게 전과 같이 물고기 잡는 법, 사냥하는 법, 카누 만드는 법, 농사짓는 법 등을 가르쳤다. 어느 날 댐이 완공되자, 변화를 예측하지 못한 원시부족과 그들의 문명은 흔적도 없이 사라지고 말았다." 미래학자 앨빈 토플러가 들려주는 가상시나리오다.

바로 우리 머리 위에서는 빅 데이터, 무인화, 자동화, 인공지능 같은 것들로 채워질 거대한 댐이 만들어지고, 그 댐에서 만들어진 인간의 능력을 능가하는 로봇이 이미 여러 분야에서 인간과 대결하며, 인간이 수행하고 있는 업무의 상당 부분을 대신 처리하고 있다. 그런데도 우리는 산업사회의 사고방식, 교육 방식에서 벗어나지 못하고 있다. 학교 교실은 여전히 주입식 일제수업과 맹목적인 암기, 한 가지 정답만을 요구하는 문제풀이가 절대적인 비중을 차지하고 있다. 엄청난 변화가 예상되는 미래에 살아남기 위해서는 어떻게 해야 할 것인가.

　　인류 역사상 가장 창의적인 예술가로 손꼽히는 피카소는 어린 시절 미술의 기본기를 철저하게 익혔다. 미술교사였던 그의 아버지는 그에게 비둘기 발만 반복해서 그리게 했다. 15세가 되어서야 사람의 얼굴과 몸체를 그리게 했다. 한 가지를 오래 관찰하며 제대로 묘사할 수 있게 되면 다른 것은 보다 쉽게 그릴 수 있다는 사실을 그의 아버지는 알고 있었다. 피카소는 기본기를 잘 익혔기 때문에 3차원의 형상을 2차원적 평면으로 표현하는 입체파라는 독특한 장르를 창조해 낼 수 있었다. 곤충학자 칼 폰 프리시는 몇 시간씩 꼼짝하지 않고 돌 틈에 누운 채 관찰 대상을 끈질기게 주시하곤 했다. 무엇을 제대로 관찰하여 새로운 사실을 알아내기 위해서는 지루하고 단조로운 것도 참아낼 수 있는 마음의 훈련이 필요하다.

　구글이 선정한 최고의 미래학자 토마스 프레이는 현존하는 세계의 대학 절반은 향후 20년 안에 문을 닫을 것이라고 예견했다. 세계적인 경쟁력을 갖춘 극소수의 대학을 제외하고는 다 사라질 것이라고 했다. 명문대를 나와도 취직을 못하는 현재의 상황이 얼마간 더 지속되면 대학에 가지 않으려는 학생은 더욱 늘어날 것이다. 이미 우리 사회에 이런 변화의 조짐이 나타나고 있다.

　세상은 급변하고 있다. 남보다 빨리, 많이 배우는 것보다는 기본기를 철저하게 익히고, 새로운 것을 찾아낼 수 있는 예리한 안목과 다양한 정보를 조합하여 부가가치 높은 콘텐츠를 생산해 낼 수 있는 창의력이 가장 확실한 생존 수단이 되는 시대가 이미 우리 곁에 와 있다. 곧 공사가 완공되면 댐 아래 지역은 물이 말라 카누가 필요 없을 것인데도, 여전히 카누 만드는 법을 가르치는 우를 범해서는 안 된다.

가을 하늘과 구름

　　　　　참으로 오랜만에 고향 뒷산
을 찾았다. 질풍노도의 젊은 시절, 주체할 수 없는 방랑벽
과 밑도 끝도 없는 방황, 지적 허영과 과장된 상황인식, 능
력에 대한 지독한 회의와 다소 엉뚱한 낭만적 자학, 앞이
보이지 않는 실의의 나날 등에 대한 기억들이 주마등처럼
스쳐 지나갔다. 그 모든 과정을 지켜 본 소나무 중 몇 그
루는 아직도 살아남아 변함없는 푸르름으로 나를 반겨 주
었다.

　조그마한 저수지도 그대로였다. 중학교 때 백일장에서
장원하여 부상으로 받은 헤르만 헤세의 '피터 카멘진트(향

수'를 들고 이 소나무를 찾았던 기억이 어제 일처럼 생생하다. 소설 맨 앞부분에 나오는 '기름처럼 매끄러운 수면'이란 표현이 너무 좋아 낙조의 저수지를 바라보던 일, 산들바람이 불 때마다 가을햇살에 반짝반짝 빛나던 은빛 물비늘을 잊을 수 없다.

소설을 읽다가 구름에 관한 묘사에 감탄하여 뒤로 벌러덩 누워 솔가지 사이로 흘러가는 구름을 바라보며 그 구절을 다시 소리 내어 읽던 내 모습도 그대로 떠오른다. "구름, 이 넓은 세상에서 나보다도 더 구름을 잘 알고 나보다도 더 구름을 사랑하는 사람이 있다면 나는 그 사람을 만나고 싶다. 구름보다 더 아름다운 것이 있다면 그것을 나에게 보여다오. 구름은 흘러 다니며 눈에 위안을 준다. 구름은 축복이요 신의 선물이자 노여움이며 죽음의 힘이다. 구름은 갓난아이의 생명처럼 귀엽고 부드럽고 평화스럽다. 구름은 착한 천사처럼 아름답고 부유하고 은혜롭다. 구름은 죽음의 사자처럼 어둡고 피할 수 없으며 용서를 모른다. 구름은 엷은 층을 이루어 은빛으로 반짝이며 떠 있다. 구름은 금빛 테두리를 두르고 하얗게 웃으며 돛단배처럼 달린다. 구름은 노란 빛과 붉은 빛과 푸른 빛을 띠고서 꼼짝 않고 달린다. 구름은 우울한 은둔자처럼 꿈꾸며 희멀건 하늘에 쓸쓸히 떠있다." 공부가 싫고 사람이 싫을 때마다 홀로 이 소나무 밑에 와서 우울한 은둔자가 되어 쓸쓸히 떠다니는 구름이 되곤 했다. '피터 카멘진트'에서 출발하여 '데미안' '지와 사랑' '싯다르타' '유리알 유희' '크눌프' 등 헤세의 작품을 차례로 읽어나가던 중·고교 시절의 기쁘고 쓰라린 추억들이 아직 가슴속에 그대로 자리 잡고 있다.

옛날을 생각하며 재킷을 벗어 깔고 누워 흘러가는 구름을 바라보며 정완영 시인의 '가을 하늘'을 읊조려 보았다. "전선 위에 앉아 있는 제비들이 날아갑니다/가을 하늘 푸른 건반을 두드리며 날아갑니다/하늘엔 음악이 흐르고, 흰 구름이 흘러갑니다" '가을 하늘이 푸른 건반'이라 생각하며 손, 팔, 다리를 허공에 휘저어 보았다. 한참 후 동작을 멈추고 고요히 숨을 고르니 솔바람이 향기롭게 코를 간질이며 다가왔다. 데미안이 싱클레어에게 한 말도 들려왔다. "새는 알을 깨고 나온다. 알은 세계다. 태어나고자 하는 자는 하나의 세계를 깨뜨려야 한다. 새는 신을 향해 나아간다. 그 신의 이름은 아프락사스다." 오늘의 부모는 자녀들에게 무엇을 해주고 있는가. 지금 아이들에게도 이런 경험은 반드시 필요하다.

비교보다 과정을 즐기는 삶

설날 세배와 차례를 마친 후 커다란 상에 둘러앉아 떡국을 먹을 때 어른들이 아랫사람에게 한 덕담 중 가장 듣기 싫었던 소리가 "언제 결혼할 것이냐, 취직은 아직 못했냐, 올해는 꼭 1등 해라."는 말이라고 젊은이들이 지적했다. 그들은 각자의 일은 스스로 알아서 하게 두고 그냥 "건강하고 행복한 한 해가 되길 바란다."는 이야기를 듣고 싶어 한다. 그들은 같은 항렬의 잘된 친척과의 비교는 정말 견디기 어려웠다고 말했다.

미국의 경제학자 리처드 이스털린은 1974년 발표한 논문에서 소득이 높아져 기본 욕구가 충족되고 나면, 그 이

후에는 소득증가와 행복도는 서로 비례하지 않는다는 사실을 밝혀냈다. 이를 '이스털린의 역설'이라 부른다. 행복이란 자신이 필요한 부를 충분히 가졌는가보다는 다른 사람과 비교했을 때 자신이 얼마나 더 가졌는가의 문제라는 것이다. 행복 경제학의 아버지라고 불리는 영국의 레이어드도 소득이 일정 수준을 넘어선 뒤에는 소득이 늘어나는 데 비례해 행복해지는 것은 아니라고 했다.

행복이라는 주관적이고 정신적인 가치를 객관적인 잣대로 평가하거나 계산한다는 것은 거의 불가능하다. 영국의 신경제재단이 발표한 '국가별 행복지수'에 따르면 국민총생산(GDP) 1위의 경제 대국인 미국을 비롯하여 영국, 일본, 프랑스, 한국 등의 나라는 행복지수가 중하위권에 머물렀지만 코스타리카, 자메이카, 부탄, 라오스같이 가난한 나라들은 상위에 들어갔다.

부탄은 GDP가 아닌 국민총행복지수(GNH, Gross National Happiness)를 국가 통치의 기준으로 삼고 있다. 그들은 국민총행복(GNH)이 국민총생산(GDP)보다 더 중요하다는 사실을 깨닫고 그것을 실천하는 나라다. 부탄의 5대 국왕 지그메 케사르는 절대 다수의 국민이 반대했지만, 스스로 왕위에서 물러나 입헌군주제를 시행했다. 그는 "GNH는 국가의 질을 보다 전체적인 방식으로 측정하는 것이고, 인류사회의 발전에 따른 이익은 물질적인 성장과 정신적인 성장이 나란히 상호보완적이고 상호보강적으로 나타날 때 비로소 발생하는 것이라고 믿는다."라고 말했다. 부탄은 행복지수를 산출할 때 교육, 심리적 안정, 건강, 시간 활용, 문화적 다양성과 복원력, 좋은 정부, 공동체의 활력, 환경의 다양성과 복원력, 생활수준 등을 그 평가 영역에 포함시킨다.

미국 스탠퍼드대 재학생들을 상대로 한 연구결과에 따르면 평소 행복감이 낮은 학생집단은 자신의 시험 점수가 낮더라도 다른 학생의 점수가 자신보다 낮을 때는 자신이 객관적으로 시험을 잘 봤을 때처럼 매우 행복해 한다는 사실을 밝혀냈다. 반면에 행복감이 높은 학생집단은 다른 사람의 점수나 평가에 크게 영향을 받지 않았다. 남과 비교하는 순간부터 행복은 사실상 멀어진다.

남과의 비교보다는 어제보다 오늘 내가 얼마나 좋아졌는가에 중점을 두고, 자신이 설정한 목표를 달성하기 위해 묵묵히 최선을 다하며 과정을 즐기는 생활 습관을 형성해야 한다.

호박범벅을 먹으며

여든이 넘은 형님과 누님이 직접 밭에서 키운 것이라며 늙은 호박을 가져 오셨다. 형님은 호박을 받쳐 놓을 수 있도록 짚으로 따뱅이(똬리)까지 만들어주셨다. 우리 집을 방문한 손님들은 커다란 누렁 호박을 보면서 물건이라며 놀라워했다. 시골 출신들은 어린 시절 호박꽃에 들어있는 벌을 잡으려고 꽃잎을 손으로 오므리다가 벌에게 쏘인 이야기를 가장 많이 했다. 연둣빛 애기호박을 살짝 볶아 얹은 국수를 논두렁에서 먹을 때의 맛을 이야기하는 사람도 많았다. 겨울 내내 호박은 옆에 있는 어떤 화분이나 도자기보다도 사람들의 시선을 끌었고, 사람들로 하여금 갖가지 추억에 잠기게 했다.

지난주 아내가 형님이 주신 호박을 부엌칼로 뱅뱅 돌리며 긴 끈처럼 잘라 햇볕에 널었다. 다 마르면 분말로 만들어 수프를 해 먹기 위해서다. 누님이 준 호박은 큼직하게 썰어 범벅을 만들기로 했다. 호박씨는 프라이팬에 볶아 까먹기 위해 따로 말렸다. 황기, 대추 등을 넣어 달인 물에 껍질을 벗긴 호박을 넣어 삶았다. 그런 다음 대충 으깬 후 찹쌀가루를 약간 덩어리지게 풀고, 불린 콩과 고구마를 함께 넣어 다시 끓였다. 마지막으로 설탕과 소금으로 달기와 간을 맞추니 맛있는 범벅이 되었다. 큰 그릇에 담아 놓고 가까이 있는 사람들을 불러 나누어 주니 모두가 별미라며 좋아했다.

봄비가 내리는 아침 호박범벅 한 그릇을 들고 조그마한 마당에 나서니 갓 피기 시작한 붉은 하트 모양의 금낭화가 눈에 들어오고, 다른 봄꽃도 촉촉이 젖은 얼굴로 나를 반겼다. 모든 초목이 힘차게 솟아오르며 저마다 한 번 봐 달라고 무언의 함성을 지르고 있었다. 모두를 한 번씩 바라보다가 옥잠화에서 눈길이 멈췄다. 누님이 심어준 것이다. 고향 집에 있던 것이라며 엄마가 생각날 때 보라고 했다.

어머니는 동네 꽃 박사로 통했다. 날이 풀리면 마을 아낙네들은 꽃모종을 얻으러 우리 집에 왔고, 어머니는 화분과 밑거름도 나누어 주었다. 어머니는 모종을 나누어 줄

시기에는 늘 호박범벅을 만들어 사람들에게 주곤 했다. 가난한 동네였지만 어느 골목이나 꽃이 가득하여 아이들은 그것이 얼마나 귀한지 의식하지 못했지만 항상 꽃 속에 파묻혀 살았다. 지금도 고향 친구들을 만나 담소를 나누다보면 어느 골목, 어느 집에 무슨 꽃과 나무가 있었는지에 관한 이야기가 자연스럽게 나온다.

봄이 와도 별다른 행사가 없으니 요즘 우리 아이들에게 봄은 밋밋할 수밖에 없다. 다가오는 주말에는 온 가족이 교외로 나가보자. 양지바른 논두렁이나 언덕배기에 편안히 앉아 온갖 봄꽃과 아지랑이, 먼 산의 복사꽃을 같이 바라보자. 자연이라는 위대한 책은 우리의 눈을 피곤하게 하지 않고 두뇌도 혹사시키지 않으면서 우리의 정서를 풍부하게 해 줄 것이다. 부모 자녀가 함께 봄나물을 캐고, 화전놀이도 해보자. 자연의 품에 안기면 잠시나마 공부와 시험, 삶의 고단함 따위는 잊게 되고 새로운 힘을 얻게 된다. 연두와 초록의 향연이 눈부신 봄이 무르익고 있다.

열린 마음

　"아빠와 대화하기가 정말 어
렵습니다. 아빠 이야기를 듣고 있으면 참 신기합니다. 어
쩌면 저렇게 변하지 않을 수가 있는지 궁금합니다. 아빠의
학창 시절은 어떻게 모든 것이 항상 그렇게 좋았고 옳았는
지 이해가 안 됩니다. 엄마도 저를 힘들게 하기는 마찬가
집니다. 아빠 훈계를 듣고 나면 엄마는 늘 아빠는 원래 그
런 사람이라 생각하고 네가 이해하라고 말합니다. 아빠가
무리한 요구를 한다는 걸 인정한다면 아빠에게 그러지 말
라고 말해주면 안 됩니까. 아빠는 아빠 생각과 다른 것은
조금도 받아들이려고 하지 않습니다. 저는 아빠가 신문은

왜 읽는지 모르겠습니다. 변해야 산다는 것을 강조하는 기사들이 얼마나 많이 나옵니까. 그런데도 본인은 변하지 않으니 정말 놀라워요. 아빠는 항상 변화를 싫어하고 안전하고 확실한 것만 인정합니다." 고2 학생이 아빠의 훈계와 잔소리를 감당하기 어렵다고 상담하며 한 이야기다.

　안정론자들은 대개 과거는 좋았다고 생각한다. 가능하다면 모든 것을 치밀하게 계획을 세우고 한 치 오차도 없이 실천하는 데서 성취감을 느낀다. 그들은 원리 원칙, 규칙과 통제, 일사불란함을 좋아한다. 변화론자들은 변화 자체가 정상이라고 생각하며 자신의 지식이나 능력의 한계와 부족을 인정한다. 안정론자들은 결과를, 변화론자는 과정을 중시한다. 변화론자들은 대개 복잡함과 혼돈의 상태를 즐기며 시간과 더불어 그 속에서 질서가 생겨난다고 믿는다. 변화론자들은 작은 변화가 어떤 일의 흐름을 바꿀 수도 있다고 생각한다. 변화론자들은 경쟁을 부정하지 않고 경쟁을 자기 성장을 위한 자극제로 간주하고, 가능하면 즐기려고 노력한다. 변화론자들이 일반적으로 미지의 곳을 탐험하고 새로운 것을 창조하는 경향이 있다.

　『미래와 그 적들』을 쓴 버지니아 포스트렐은 말한다. "변화론자들은 저절로 생기는 질서의 힘을 믿고 실험과 피드백을 믿고 복잡한 문제를 해결하는 진화의 힘을 믿고 중앙에서 군림하는 지식의 한계를 믿고 진보의 가능성을 믿는다. 그들은 일상생활의 미세한 결에서 감흥을 받고 현대 세계의 구석구석에서 발견되는 독창성과 다양성에서 자극을 받는다. 그들은 열린사회를 옹호하고 새로운 사유 앞에서 열린사회의 문을 닫아걸려는 사람들에게 본능적으로 저항한다." 변화론자들의 가장 큰 장점은 자기가 틀렸을지도 모르고 내일이라도 더 나은 방법을 들고 누군가가 나타날지 모른다고 생각한다는 점이다. 새로운 지식, 더 나은 방법이 나타나면 기꺼이 자신의 생각이나 방법을 수정한다. 변화론자는 유연하고 융통성이 있다.

변화는 무조건 좋고 바람직하며, 안전과 안정은 모두 나쁘고 고루한 것만은 아니다. 세월이 흘러도 바뀌지 않고 그대로 적용되는 것이 있고, 세월과 더불어 더 좋고 나은 것으로 바꾸는 게 바람직한 것도 있다. 문제는 열린 마음이다. 대화가 의미를 가지려면 부모자식이 함께 노력해야 한다. 일차적으로는 부모가 먼저 가슴을 열고 자녀들의 이야기를 경청하려고 노력해야 한다. 엄마, 아빠만 힘든 것이 아니다. 아이들도 밖에 나가면 긴장해야 하고 때론 두렵고 외롭다는 점을 인정해야 한다.

자와 가위

　　중3 학생의 엄마가 아이의
고교 진학 문제를 상담하기 위해 찾아왔다. "선생님, 요즘
잠이 안 옵니다. 당장 어떤 고등학교에 보내야 할지 고민
입니다. 자사고, 외고 같은 학교는 없앤다고 하고, 수능은
절대평가로 바꾼다고 하는데 우리는 아무 것도 모릅니다.
어떻게 될지를 알아야 학교를 결정할 것 아닙니까." "너무
걱정하지 마십시오. 우리 아이와 학부모들이 더 행복할 수
있는 제도를 만드는 과정에서 생기는 진통이라고 생각하
십시오. 기본에 충실하고 실력 있는 학생이 손해 보는 제
도는 없을 것입니다." 상식적이고 원론적인 답변에 엄마

는 엄청 실망하는 기색을 보이며 반발했다. "대한민국 모든 학부모에게 물어 보십시오. 내 아이가 대학 가고 난 뒤에 아무리 좋은 제도가 나온다고 해도 별로 관심 없다고 할 겁니다. 내 아이에게 적용되는 현재, 지금, 오늘의 제도만 의미가 있어요. 그 외에는 다 남의 일에 불과합니다. 내 아이가 왜 실험실의 쥐가 되어야 합니까. 그게 불만입니다. 속물이라 해도 변명하지 않겠습니다. 이야기가 나온 김에 선생님의 생각은 무엇인지도 한번 말씀해 보세요."

자녀의 공부나 생활 습관, 진로 관련 문제에 도움을 청할 때는 다양한 사례가 있기 때문에 비교적 만족할 수 있는 답을 줄 수 있다. 그러나 교육 제도와 관련된 질문을 할 때는 난감해진다. 그런데도 상담하러 온 사람은 그 순간 떠오르는 모든 것에 대해 묻는다. 그 엄마가 또 질문을 했다. "왜 학생들이 공부 열심히 안 하는 방향으로 제도를 고칩니까? 요즘 아이들 한 번 보세요. 인문계는 과학 과목, 자연계는 사회 과목을 제대로 안 배우니 신문이나 잡지를 읽어도 이해를 못합니다. 공대 가는 학생이 물리 안 하고, 의대 가는 학생이 화학 안 해도 되는 세상 아닙니까. 공부하기 싫고 적성에 맞지 않는 학생에겐 잘 할 수 있는 다른 길을 찾아주고, 공부 좋아하고 또 공부로 승부를 걸어야 하는 학생들은 죽도록 공부하게 해서 서로 실력 차이가 날 수 있는, 누구나 수긍할 수 있는 방법으로 정당하게 평가를 받게 해야 하는 것 아닙니까." 결국 상담은 만족스럽지 못하게 끝났다. 내면의 불만을 쏟아냄으로써 마음이 일시적으로 후련해지는 카타르시스 효과는 있었을지 모르겠다. 이 땅에서 아이를 키운다는 것이 이렇게 마음 고되고, 힘 쓰이고 돈 드는 일이라는 사실을 교육 당국은 어느 정도 헤아리고 있을까.

'열 번 재고 가위질하라' '자尺질 자주 하는 며느리는 써도 가위질 잘하는 며느리는 못 쓴다' 는 속담을 떠올려본다. 우리 조상들은 자식에게 가위, 칼, 빗자루 같이 무엇을 자르거나 쓸어내는 데 쓰는 도구를 다룰 때는 특별히 조심하라고 당부했다. 자식이 새로 살림을 날 때도 가위는 물려주지 않았다고 한다. 교육제도 개혁은 자녀를 양육하는 부모와 그 가정의 행복에 직접적인 영향을 미친다. 국가와 국민 개개인 모두의 발전과 행복을 위해 교육 당국은 가위질하기 전에 다양한 견해에 귀 기울이며 자尺질을 충분히 하라고 당부하고 싶다.

'배려의 마음' 까치밥

3년 전 조그마한 마당이 있는 단독주택으로 이사했다. 팔순의 형님께서 막내 동생의 입택을 축하하며 마당 한 구석에 대봉 감나무 한 그루를 심어주셨다. 첫해에 감꽃이 피고 감이 몇 개 열렸지만, 줄기와 가지를 튼튼하게 하기 위해 열매를 미리 땄다. 지난해에는 딱 두 개가 열렸는데, 끝까지 떨어지지 않고 굵게 잘 영글었다. 서리가 내릴 무렵 아내와 나는 첫 수확물을 우리 집에 자주 오는 새들에게 주기로 하고 감을 따지 않았다. 빨간 홍시는 겨울 하늘이 얼지 않게 해주는 지상의 불씨 같은 느낌을 주며 마음을 푸근하고 풍요롭게 해주었다. 12월 말까지 감들은 온전하게 달려 있었다.

1월로 접어들자 곤줄박이, 박새 같은 새들이 와서 홍시를 먹기 시작했다. 유심히 관찰해보니 한 마리가 오래 홍시를 먹는 일이 없었다. 한 녀석이 조금 먹고 날아가면 다른 녀석이 와서 먹고는 또 자리를 비켜 주었다. 나는 현관문을 열려고 하다가도 녀석들이 홍시를 먹고 있으면 놀라서 날아갈까봐 잠시 기다려 주곤 했다. 보름쯤 지나자 새들은 꼭지만 남기고 알뜰하게 다 먹었다. 지금이 먹이 구하기가 가장 힘든 시기일 것 같아 우리는 여름에 먹으려고 냉동시켜 둔 홍시 몇 개를 꺼내어 감나무 가지 위에 얹어 두기로 했다.

한국에 특별한 관심과 애정을 가졌던 미국의 소설가 펄 벅 여사가 1960년 조선일보 문화부 기자였던 고故 이규태 선생과 대구, 경주, 부산 등을 방문한 적이 있다. 경주 여행 중 차창 밖을 바라보던 그녀가 감나무 끝에 감이 10여 개 달려 있는 것을 보고 "따기 힘들어 그냥 두는 건가?"라고 물었다. 이규태 선생이 "까치밥이라 해서 겨울새들을 위해 남겨둔 것"이라고 답하자, 그녀는 "바로 이것이야. 내가 조선에 와서 보고자 했던 것은 고적이나 왕릉이 아니었어요. 이것 하나만으로 나는 한국에 잘 왔다고 생각해요."라고 답했다.

시골길을 달려가던 펄 벅이 지게에 볏단을 짊어진 농부

가 소달구지를 끌고 걸어가는 모습을 보았다. 종일 일한 소도 힘들 것이라 생각하여 농부는 무거운 짐을 지고 걸어가는 것이라는 말을 듣고, 그녀는 미국 같으면 지게와 볏단 모두를 달구지에 싣고 농부 자신도 거기 올라타고 갈 것이라고 말하면서, 짐승에게 베푸는 '배려의 마음'에 감탄했다. 그녀는 1963년에 발표한 소설 '살아있는 갈대' 첫머리에서 '한국은 고상한 국민이 살고 있는 보석 같은 나라'라고 썼다.

빈 병 값이 오르면서 폐지와 병을 주워 생계를 유지하는 노인들의 삶이 더욱 어려워졌다고 한다. 사람들이 빈 병을 좀 양보하면 좋겠다. "찬 서리/ 나무 끝을 나는 까치를 위해/ 홍시 하나 남겨 둘 줄 아는/ 조선의 마음이여"라고 시인 김남주는 노래했다. 설날이 다가오지만 음력 섣달 끝자락이 그 어느 해보다 쓸쓸하고 황량하다. 탄식과 분노, 냉소와 무관심이 범람하는 저 광장과 거리에서 어둡고 후미진 노인들의 쪽방에 이르기까지 '조선의 마음'이 강물처럼 넘쳐흐르길 소망해 본다.

기차여행

낡은 역사의 퀴퀴한 냄새 따위는 전혀 문제가 되지 않는다. 곧 다가올 것에 대한 기대감 때문이다. 개찰구에서 표를 펀칭하고 플랫폼으로 들어간다. 기차는 대개 정시보다 5~10분 정도 늦게 도착한다. 아이는 엄마의 도움을 받아 자력으로는 오르기 버거운 발판에 겨우 발을 딛고 기차에 오른다. 긴 기적 소리와 함께 기차가 출발한다. 아이는 잠시 창밖을 보다가 이내 통로 쪽으로 눈길을 돌린다. 드디어 홍익회 판매원이 밀차를 밀고 들어온다. 아이는 엄마의 손을 꼭 잡으며 그 쪽을 보라고 말한다. 엄마는 알았다는 눈짓과 함께 엉성한 나일론

망에 든 삶은 계란과 귤을 한 줄씩 산다. 약봉지처럼 접은 신문지를 풀어 헤치면 나오는 소금에 계란을 찍어 먹는다. 정말 맛있다. 귤로 입가심을 한다. 엄마의 기분에 따라 사이다 한 병을 덤으로 얻어먹을 수도 있다. 부모 세대들이 가지고 있는 어린 시절의 기차 여행이다.

7월 중하순 무렵, 역 광장은 고교생과 대학생들로 붐빈다. 밀짚모자에 배낭을 짊어진 젊은이들이 무거운 텐트와 각종 야영 장비, 휴대용 카세트 플레이어 등을 들고 광장에 모인다. 누군가가 땅바닥에 퍼질고 앉아 기타를 치면 모두가 큰소리로 노래를 부른다. 완행열차가 시가지를 벗어나 시원한 녹색의 들판과 울창한 산 속을 지날 때면, 어김없이 '해변으로 가요' '고래사냥' '아침이슬'을 합창한다. 무엇이 그렇게 서럽고 울분을 참을 수 없는지, 그들은 서러움을 모두 버리고 삼등삼등 완행열차를 타고 동해바다로 간다며 바락바락 소리 지른다. 같은 칸에 탄 어른들 중엔 조용히 하라는 분도 있지만, 대개의 경우 잔잔한 미소로 그 모습을 지켜본다. 간혹 같이 박수를 쳐 주기도 한다.

어른이 되고 나서는 참 어려운 결정이지만, 어느 날 그냥 홀쩍 기차를 탄다. 창 밖을 바라보며 정현종의 시구를 꼭꼭 씹어본다. '기차는 움직인다. 움직이는 건 가볍고, 움직이는 근심은 가볍다' 머물러 있으면 근심 걱정이 자신을 파괴할 것 같아, 너무 힘들고 견딜 수 없어서, 움직여 보는 것이다. 까닭도 없이 하고 있는 일이 싫고, 같이 있는 사람이 싫고, 자기 자신마저도 싫어질 때, 기차를 탄다. 차창으로 들어오는 풍경은 하나같이 선하고 아름답다. 그 이유는, 풍경 자체도 아름답지만 스쳐지나가며 보기 때문에 아름다운 것이다. 멀리서 보면 모든 것이 아름답다. 우리는 때때로 가까운 것들과 잠시 거리를 유지할 필요가 있다. 그래서 떠나는 것이다.

여행은 지겨운 일상에서 일단 벗어난다는데 가장 큰 의미가 있다. 그토록 힘겨운 일상에서 벗어나 객지를 떠돌다 보면 어느 순간 떠나온 일상이 다시 그리워지게 된다. 이것을 재충전이라 부른다. 우리 모두 직장이 싫고, 학교가 싫고, 학원이 싫고, 공부가 싫을 때, 기차를 타고 홀쩍 떠나보자. 일단 떠나면 새로운 것을 만나고, 새로운 것을 발견하고, 새로운 것을 느끼고, 새로운 힘을 얻을 수 있다. 만물이 우리를 유혹하는 여름이다. 한번쯤 그 유혹에 굴복해 기차를 타보자.

모과

어물전 망신은 꼴뚜기가 시키고 과일전 망신은 모과가 시킨다는 말이 있다. 못생긴 사람을 두고도 모과 같이 생겼다고 말한다. 나무참외란 뜻을 가진 목과木瓜에서 유래된 모과는 못생긴 것들의 대명사로 통한다. 정말 맞는 말일까. 5월에 피는 연분홍의 모과 꽃을 보고 가을부터 겨울까지 자동차 안이나 방, 사무실 등에 모과를 바구니에 담아둔 경험이 있는 사람은 결코 그런 말을 하지 않을 것이다.

사람들은 모과에 세 번 놀란다고 한다. 못생긴 모양에 놀라고, 그 향기에 놀라고, 떫은 맛에 놀란다. 하나를 더

보탠다면 약효에 놀란다. 얇게 썰어 설탕에 절여 두었다가 끓는 물에 넣어 마시면 모과는 맛과 향이 좋을 뿐 아니라, 기침이나 가래를 삭이는 데 좋다. 모과나무는 나뭇결이 곱고 단단하면서도 가공이 쉬워 고급 가구재료로 쓰인다. 흥부전에 나오는 화초장은 모과나무로 만든 장롱이다.

백범 김구 선생은 젊은 날 청운의 꿈을 품고 과거 공부에 열중했다. 그러나 구한말의 과장科場은 온갖 부정과 비리가 횡행하는 적폐의 온상이었다. 이런 실상을 알게 된 백범은 과거를 포기하고 관상과 풍수로 눈길을 돌렸다. 그는 동양 최고의 상서로 꼽히는 '마의상서麻衣相書'를 구하여 독학에 들어갔다. 거울을 보며 자신의 얼굴부터 분석하여 관상의 이치를 터득하는 것이 상서를 익히는 첫걸음이었다. 두문불출하며 석 달 동안 자신의 얼굴과 씨름했지만, 자신의 얼굴에서 부귀의 상은 찾을 수 없었다. 온통 흉하고 천한 모습만 보였다.

낙담하고 있던 어느 날, 같은 책에 있는 '상호불여신호相好不如身好 신호불여심호身好不如心好'라는 대목에서 눈이 확 뜨였다. '얼굴보다는 몸이, 몸보다는 마음이 더 중요하다.'는 뜻이다. 백범은 관상이 좋은 호상인好相人이 되기보다는 마음이 좋은 호심인好心人이 되겠다고 결심하고는 자리를 박차고 일어났다. '백범일지'에 나오는 이야기다.

우리는 지금 지나치게 외모를 중시하는 사회에 살고 있

다. 수많은 젊은이들이 예쁘고 잘생긴 얼굴과 날씬한 몸매를 위해 신경 쓰고 있다. 다양한 매체들 또한 외모 중시 풍조를 조장하고 있다. 얼굴과 몸매로 사람을 판단하는 폐해가 이제 심각한 지경에 이르렀다. 이는 인간의 내면 가치와 존엄성을 망각한 태도다. 정말 아름다운 모습이란 어떤 것일까. 나는 살아있는 생명체가 목표를 달성하기 위해 최선을 다하는 모습이 이 세상에서 가장 아름답다고 생각한다. 승리를 위해 혼신의 힘을 다 쏟는 선수를 보며 우리는 열광한다. 먹이를 사냥하기 위해 최선을 다하는 동물도 우리를 감동시킨다. 열심히 공부하고 있는 학생의 자세와 눈빛도 우리를 매료시킨다.

가을이면 갖가지 과일이 쏟아져 나온다. 그 모든 것은 나름의 독특한 맛과 향을 가지고 있다. 모과는 아무리 못생겨도 자신이 다 썩을 때까지 달콤한 향을 내뿜는다. 외모지상주의는 다양성이 결여된 사회의 서글픈 자화상이다. 내 마음의 밭을 잘 가꾸면서, 모과 같은 향을 내뿜는 사람을 만나고 싶은 가을이다.

다락방

　"우리 집은 거실과 주방, 방
세 개가 있는 아파트입니다. 남편과 제가 큰 방을 사용하
며, 고교생 딸과 중학생 아들이 방 하나씩을 차지하고 있
습니다. 주방과 거실은 가족 공용이고 탁 트여 있어 나만
의 공간이 없습니다. 생각 끝에 베란다를 고치기로 했습니
다. 벽면은 허물지 않고 그대로 둔 채 베란다 분위기만 바
꿨습니다. 햇빛을 가릴 수 있는 블라인드를 달고, 바닥에
는 목재를 깔았습니다. 계단식 화분대를 설치하고 율마,
제라늄, 스킨답서스, 아이비, 러브체인 등을 배치했습니
다. 가운데는 작은 나무 의자와 동그란 소형 탁자를 놓았

습니다. 제가 즐겨 읽는 책을 따로 꽂을 수 있도록 삼단 책
꽂이도 마련했습니다. 아침에 집안일을 끝내면, 나를 포
근히 받아주는 그곳에 앉아 커피를 마시며 책을 읽고, 휴
대용 오디오로 클래식 음악을 들으며, 이런저런 상념에
잠기거나 일기를 씁니다. 저만의 공간인 베란다는 어린 시
절 좋아했던 '다락방' 같은 느낌을 주어, 상상력이 살아나
고 정서적 안정감을 얻게 됩니다." 어느 엄마의 말이다.

아파트가 주된 주거 공간이 되기 전에 많은 사람들이 살
았던 단독 주택에는 대개 다락방이 있었다. 사다리를 타고
올라가면 천장은 아이 머리도 닿을 정도로 낮고, 서까래
와 대들보가 그대로 드러났다. 조그마한 봉창을 통해 골목
을 오가는 사람들을 은밀하게 관찰할 수 있었고, 손을 내
밀면 파란 하늘을 잡을 수 있었다. 금지된 만화책을 남몰
래 읽기도 좋았다. 낮고, 좁고, 어두웠지만 다락방에 올라
가면 그 무엇보다도 세상의 모든 시선으로부터 해방될 수
있었고, 대낮에도 적당한 어둠이 어린 영혼을 감싸주어
아늑하고 편안했다. 그곳에서는 가족이 함께하는 큰 방이
나 대청에서는 불가능한, 온갖 기발한 생각들이 마르지
않는 샘물처럼 용솟음쳐 나왔다.

아이들은 자기만의 비밀 공간을 좋아한다. 계단 중간에
조금 넓게 만들어 놓은 '계단참', 잡다한 물건들을 쌓아놓
는 작은 단칸 구조물인 '광' '골방' '지하실' 같은 공간은

유년의 영혼이 휴식을 취하며 놀고, 숨고, 공상하고, 상상하며, 꿈을 꾸는 장소였다. 그곳은 생성과 창조의 공간이었다. 이와 같은 부속 구조물이 없는 아파트 같은 자폐적 평면 공간은 입체적 사고를 방해하며, 고전적인 상상력 배양을 어렵게 한다.

어른과 아이 모두에게 광장의 '같이'와 밀실의 '따로'는 둘 다 필요하다. 대부분 사람들은 때로 고독 속에서 자신을 단련하며 창조적 에너지를 생산할 필요를 느낀다. 그 순간 사적인 공간을 갈망한다. 버지니아 울프는 제인 오스틴이 '오만과 편견'을 가족 모두가 함께 기거하는 공동거실에서 집필했다는 사실을 상기시키며, 여성에게 '고정적인 소득'과 '자기만의 방'이 주어지면 여성 셰익스피어가 나올 수 있다고 말했다.

성장 과정에 있는 아이들에게 물리적, 심리적인 자기만의 공간을 만들어 주자. 혼자 돌아다니며 찾아서 공부하고, 숲이나 모래톱에 친 텐트 속에서 혼자 빈둥거릴 수 있는 기회를 제공해야 한다. 유소년 시절, 자기만의 다락방에서 자유롭게 공상하며, 스스로를 달래고 치유하는 법을 터득한 아이는 지적 호기심과 모험심을 평생 유지할 수 있고, 삶의 과정에서 수시로 찾아오는 무기력의 포위망에서도 쉽게 벗어날 수 있으며, 일상을 자신 있게, 자율적으로 끌어갈 수 있기 때문이다.

만화

           날 저물어 들에서 돌아오신 아버지가 손발을 씻고 있다. 어머니는 저녁 밥상을 차리다가 아버지에게 수건을 드리며 아이들이 다 있는지를 확인한다. 누구 하나가 빠졌으면 집에 있는 아이에게 없는 아이를 찾으러 보낸다. 대개의 경우 골목 끝에 나가, 정자나무나 동네 어귀 넓은 공터를 향해 이름을 부르면 아이가 달려온다. 노는 아이들 무리에 없을 때는 만화방에 가면 십중팔구 녀석은 거기 낄낄거리며 앉아 있다. 만화방 벽면 베니어판에는 만화책들이 고무줄에 의지한 채 발간 순서대로 진열되어 있다. 만화방에 갔다가 늦은 날은 아버지로부터 혼이 난다.

만화방에 따라 규정이 다르지만, 한 명만 돈을 내고 둘이서 함께 보는 것은 허용되지 않는다. 그래도 방법은 있다. 친구와 따로 돈을 내고 들어가서는 딱 붙어 앉아, 각자 선택한 책을 같이 읽으면 결과적으로는 배로 볼 수 있다. 이발소나 미장원 대기석엔 만화책이 많이 쌓여 있다. 손님이 없으면 머리를 다 깎은 후에도 만화를 실컷 볼 수 있다. 부모 세대부터 현재에 이르기까지 다양한 종류의 만화는 성장기 어느 한 시절, 힘겹고 따분한 일상에 웃음을 제공하며, 팍팍한 삶을 달래고 위로한다.

만화는 제9의 예술, 선으로 표현하는 문학이라 한다. 만화 이전에는 '연극, 회화, 무용, 건축, 문학, 음악, 영화, 사진'이라는 8개의 예술이 있었다. 20세기 초 프랑스에서 만화를 제9의 예술로 인정했다. 만화는 그림과 글, 다시 말해 말과 이미지를 연속적으로 결합하는 양식을 취한다. 만화의 그림은 과장과 생략, 변형이 특징이다. 만화 속의 세계는 실제보다 단순하다. 단순성은 만화의 가장 큰 매력이다. 미국의 어느 만화 연구가는 "쾌락, 권력, 사랑, 정의, 자기표현, 자기보존, 위신, 부, 권태로부터의 도피, 복수 등이 연재만화 주인공들이 추구하는 목표"라고 지적했다. 만화와 드라마로 공전의 히트를 기록한 '미생'도 이 관점에서 설명할 수 있다.

만화는 의사를 표현하고 전달하는 데 뛰어날 뿐만 아니라, 그 적용 범위와 유연성에서 어떤 장르도 따를 수 없는 장점을 가지고 있다. 많은 사람들이 만화가 주는 동기유발을 통해 보다 깊이 있고, 수준 높은 다음 단계의 탐구로 넘어 간다.

부모님 세대는 만화와 무협지를 거쳐 동서양 고전으로 독서의 영역을 넓혀 갔다. 오늘의 청소년들은 만화를 거쳐 판타지 소설로 나아간다. 문제는 상당수의 청소년들이 그 다음 단계인 고전 읽기로 가지 않고 성인 만화와 추리 소설, 드라마와 영화를 탐닉하는 쪽으로 옮겨간다는 것이다. 편식이 영양의 불균형을 초래하여 신체의 정상적인 발육을 방해하듯이, 활자매체를 도외시하고 그림과 영상매체에 지나치게 집착한다면 정신 발달에 심각한 불균형을 초래한다. 만화의 단순성과 재미를 뛰어넘어 상상력과 사고력의 근력을 강화하기 위해서는 반드시 문자를 통한 지적 훈련 과정이 필요하다. 그 무엇보다도 고전을 읽어야 깊이와 창의력을 겸비한 사람이 될 수 있다.

감성적 체험의 중요성

"다 익었을 때 붉은빛을 띠지 않는 과일은? 이 질문에 보기가 넷 주어졌는데 아이가 감을 골라 틀렸어요."

초등 1학년 엄마는 너무 기가 막혀 잠시 말문이 막혔다고 했다. 과일을 깎아서 식탁에 내놓기 때문에 아이가 별로 주의 깊게 안 보았을 수도 있다고 말했다. 그 엄마는 그 일이 있고 나서 과일 사러 갈 때마다 아이를 데리고 가서 다양한 과일을 직접 골라 장바구니에 담게 했다. 아이는 과일의 색깔과 맛을 잘 설명할 수 있게 되었다.

칸트는 "감각 없는 개념은 공허하고, 개념 없는 감각은 맹목적이다.”라고 했다. 우리 아이들이 교과서와 참고서를 통해 개념을 머리로만 배웠지 ‘감각’을 통해 ‘개념’을 직접적으로 경험하는 일이 드물기 때문에 공부가 공허하고 재미없고 지루하다. 학년이 올라갈수록 시험 대비를 위해 딱딱하고 건조한 내용을 암기만 할 뿐 실제 체험이나 실험 실습을 통해 개념이나 공식을 몸소 확인하며 깨닫게 되는 기회를 자주 갖지 못한다. 그러니 이효석의 ‘메밀꽃 필 무렵’을 읽으면서 “산허리는 온통 메밀밭이어서 피기 시작한 꽃이 소금을 뿌린 듯이 흐뭇한 달빛에 숨이 막힐 지경이다.”라는 대목에서도 아무런 감흥이 없고 수학·과학은 괴롭고, 사회는 일상생활과는 동떨어진 것으로 느껴지는 것이다.

루소는 아동기에는 ‘감성 교육’, 그 이후 소년기·청년기에는 ‘이성 교육’을 시켜야 한다고 했다. 감성과 이성은 상호 배타적인 관계가 아니다. 감성은 이성의 발달에 전제되는 기초이고, 이성은 감성의 성숙 단계이기 때문에 둘은 필연적인 협력 관계에 있다고 했다. 어린 시절에는 개념이나 공식, 이론보다는 감각을 통해 다양한 것을 직접 느끼게 해주는 감성적 체험이 우선적으로 중요하다.

열 명이 넘는 식구가 한솥밥을 먹던 때가 있었다. 어느 가을 날, 어머니는 고등어를 구워서 식구들에게 한 토막씩 주었다. 할머니와 아버지는 생선을 접시에 담아 드렸지만, 아이들에게는 평소처럼 커다란 감잎에 생선을 얹어 주었다. 짙은 청색의 고소한 고등어 껍질과 하얀 속살 맛을 잊을 수 없지만, 빨갛게 물든 감잎이 그렇게 예쁘다는 사실을 그날 처음 알았다. 나는 지금도 늦가을이면 청도 감밭으로 가서 곱게 물든 감잎을 많이 주워 온다. 그 잎들을 깨끗하게 씻어 식초 물에 잠시 담가 두었다가 물기를 없앤 후 밀폐된 비닐봉지에 넣어 냉동실에 보관한다. 아내는 떡이나 다식을 쟁반에 담을 때, 감잎을 밑에 깐다. 특별한 멋이 있다.

포항에서 교편을 잡던 시절, 매년 가을 독서반 학생들을 산에 데리고 가서 단풍잎을 주워 책갈피에 끼워 두게 했다. 기말시험을 치고 난 후, 그 단풍잎에 시나 짧은 글을 적어 교정에 전시하는 '낙엽전'을 열었다. 성년이 된 지금도 그들은 그 낙엽전을 잊을 수 없어, 가을이면 자기 아이들을 데리고 단풍잎을 주우러 간다고 한다. 가족 모두가 야외로 한번 나가보자. 만산홍엽의 가을이 깊어가고 있다.

최선, 선, 시행착오

　　　　　　"선생님, 다른 사람들은 우리 아이가 착실한 모범생이라고 합니다. 얼핏 보면 공부도 잘하고, 교우 관계도 좋고, 생활도 활달하게 잘합니다. 그러나 제가 보기에는 무엇 하나 제대로 하는 것이 없어 걱정입니다. 다 안다고 하면서 시험을 치면 꼭 한두 문제 틀립니다. 공부뿐만 아니라 모든 것을 건성으로 합니다. 아주 보기 싫을 정도로 지저분하지는 않지만 책상정리나 방 청소도 대충 합니다. 항상 2%가 부족합니다. 대입에서 한 문제 실수로 불합격하는 사례가 많지 않습니까? 한 번 실수는 치명적입니다. 어떻게 하면 매사에 좀 더 철저해지도록 만들 수 있겠습니까?"

"제가 보기에는 엄마의 욕심이 과한 것 같습니다. 그 정도면 정말 모범생 맞습니다. 다른 사람한테 이야기하면 오히려 자식 자랑한다고 핀잔을 들을 수 있습니다. 어머님은 학창시절에 아이보다 더 착실하게 생활했습니까? 저는 그렇게 잘하지 못할 것 같습니다. 아이에게 좀 더 너그럽게 대하십시오. 그 이상을 요구하면 아이가 부모를 속일 수 있습니다. 동양화에서 여백이 중요하듯이 아이에게도 여백의 시간을 허용해 주십시오. 아니 만들어 주어야 합니다. 때론 부모가 앞장서서 아이의 긴장을 풀어주도록 노력하십시오." 상담 온 고2 학부모와 나눈 대화다.

어린 시절 누나가 집에서 머리를 깎아준 적이 있다. 머리를 다 깎았다며 목에 두른 보자기를 풀고 얼굴과 옷에 붙어있는 머리칼을 털어줬다. 자리에서 일어나려 하는데 "다시 앉아 봐, 한쪽이 조금 더 길어." 누나는 양쪽 균형을 맞춘다며 여러 차례 이쪽저쪽에 가위질을 했다. 모양이 너무 이상하게 되어 결국은 이발소에 가서 빡빡 밀어야 했다. 살다보면 이와 유사한 일들을 수없이 경험한다. 조금 더 잘하고 더 완벽하게 하려다가 모든 것을 망쳐버리는 것이다. 프랑스의 철학자 볼테르는 "최선은 선의 적이다."라고 했다. '최선'은 '선'의 형제나 남매가 아니다. 최선에 도달하려고 발버둥치다가 일을 그르쳐 선에도 도달하지 못한다는 뜻이다. "긁어 부스럼 만들지 말라"와도 통한다. 어느 정도 견딜 만하면 다소 불편하더라도 그냥 두라는 말이다.

실수와 실패의 경험 없이 바로 원하는 단계에 도달할 수는 없다. 사람은 누구나 시행착오를 통해 완성된다. 최근 수능시험이 쉽게 출제되면서 한두 문제 틀려 원하는 대학에 가지 못하는 일이 자주 발생하면서 학생과 학부모 모두가 실수에 대한 트라우마를 가지고 있다. 일정 수준의 난이도를 가진 변별력 있는 문제가 출제되면 한두 문제 틀려도 치명상을 입지는 않는다. 교육 당국은 이런 사실을 참작해 난이도 조절에 좀 더 신경 써야 한다. 지나친 완벽주의는 오히려 실수를 유발할 수 있다. 너무 신경을 곤두세우다보면 생활에 활기와 재미를 잃어버릴 수도 있다. 실수를 했을 때 나무라지 말고 "수고했다. 더 노력하면 훨씬 좋아질 것이니 걱정하지 마라. 너는 어릴 때부터 뒤로 갈수록 점점 더 좋아지더라." 이런 식으로 말해 줄 수 있어야 한다.

2부

벗꽃 필 무렵

공원과 거리의 크고 작은 화단에는
나비들이 분분한 날갯짓으로 사람들을 들뜨게 하며
춘흥을 돋우고 있다. 나비는 한순간도 직선으로 날지 않는다.
좌우상하로 높낮이를 바꾸며 지그재그로 날아간다.
봄날 같은 짧은 생애가 너무 소중해
잠시도 같은 길을 가고 싶지 않기 때문일까.

벚꽃 필 무렵

　　　　　　　　　　동네 사람들은 우리 집을 꽃
집이라 불렀다. 넓은 마당엔 우리가 아는 거의 모든 꽃이
철따라 피고 졌다. 매년 봄마다 동네 아낙들은 우리 집에
꽃모종을 얻으러 왔다. 어머니는 모종을 나누어 주기 전에
반드시 잎이나 줄기를 한 번씩 어루만져 주며 "시집가서
호강하며 잘 커라."라고 하셨다. 어머니는 며느리에게도
틈틈이 꽃가꾸기와 텃밭 농사를 가르쳤다.

　부모님은 일흔을 넘기면서 기력이 떨어졌다. 두 분은 맞
벌이를 하는 막내를 따라 함께 시내 아파트로 이주했다.
처음 얼마간은 아파트 생활에 잘 적응하지 못했다. 우리는

고심 끝에 해결책을 찾아냈다. 아버지는 한 달에 한두 번 고향 경로당에 다녀오시게 했다. 어머니를 위해서는 당신이 좋아하는 꽃과 선인장을 심은 화분 여러 개를 들여 놓았다. 그리고 나는 부모님께 선언했다. "두 분이 상의하셔서 가장 드시고 싶은 음식을 우리에게 이야기하십시오. 적어도 매달 한 번 이상 그러셔야 합니다. 저승이 있다면 여기와는 다를 것이니, 상다리 부러지도록 차려도 아무 소용없을 겁니다. 살아계실 동안 제사상을 차려 드리겠습니다." 두 분은 매주 토요일 저녁 식사와 매달 가족 나들이를 손꼽아 기다리곤 하셨다.

부모님은 바쁜 우리를 대신하여 손자 손녀를 정성껏 건사하셨다. 아버지는 큰아이가 고2 때, 여든다섯으로 돌아가셨다. 어머니는 막내 손녀가 대학 갈 때까지 한 방을 쓰며 아이 뒷바라지에 최선을 다했다. 서울로 진학한 손녀는 할머니와의 식사를 위해 일부러 시간을 내어 집으로 오곤 했다.

벚꽃 만개한 봄날 아침, 어머니는 아흔넷으로 돌아가셨다. 마지막 순간 손녀의 손을 꼭 잡으셨다. 갓 병원 인턴으로 들어간 손자가 올 수 있는 날에 맞추어 입관을 하루 늦추었다. 손자가 첫 월급으로 사온 속옷은 관을 채우는 보공補空이 되었다. 누나들은 "우리 엄마 태어나고 가장 고운 속옷 입어보겠네."라며 조카의 머리를 쓰다듬어 주었다. 유택에 가시는 날은 화사한 꽃비가 내렸다. 모든 것이 아름답고 평안해 보였다. 나는 어머니를 유택에 모신 후 조문 오신 분들께 감사의 글을 보냈다.

　"철보다 빨리 만개한 벚꽃이/하얀 꽃비를 뿌리던 봄날 아침/어머니께서는 꽃잎처럼 가볍게/이승의 무거운 짐을 다 벗었습니다.//어머니께서는 손녀의 손을 꼭 잡고 마지막 숨을 쉬셨으며/손자가 첫 월급으로 사온 속옷을 품에 안고/편안한 모습으로 천년 유택에 드셨습니다.//미운 정 고운 정을 함께 나누며 같이 살아왔기에/남은 빈자리가 너무 크고 허전하게 느껴집니다./더 잘 해 드리지 못한 아쉬움과 이별의 아픔은/남은 자의 성숙한 삶을 위해/어머니께서 주신 마지막 선물이라고 생각합니다.… 두서없는 몇 줄 글로 먼저 감사의 마음을 전합니다./새봄을 맞아/늘 건강하시고 행복하시길 빕니다."

　해마다 벚꽃 필 무렵 어머니 기일이 다가오면, 아이들이 할아버지 할머니를 부축하며 꽃구경하고, 온 가족이 함께 밥을 먹던 기억들이 아름답고도 슬픈 모습으로 되살아난다.

나비

　　　　　3월 폭설이 엊그제 같은데
벌써 벚꽃이 만발해 천지가 환하다. 공원과 거리의 크고
작은 화단에는 나비들이 분분한 날갯짓으로 사람들을 들
뜨게 하며 춘흥을 돋우고 있다. 나비는 한순간도 직선으로
날지 않는다. 좌우상하로 높낮이를 바꾸며 지그재그로 날
아간다. 봄날 같은 짧은 생애가 너무 소중해 잠시도 같은
길을 가고 싶지 않기 때문일까.

　"내가 나비 꿈을 꾼 것인가, 나비가 내 꿈을 꾼 것인가."
나비가 되어 날아다니는 꿈을 꾸고 깨어나 말했다는 장자
의 '호접몽蝴蝶夢'을 떠올려본다. 그리스 신화에 나오는

미의 여신 아프로디테(Aphrodite)의 아들인 사랑의 신 에로스(Eros)가 사랑에 빠졌던 여인도 나비라는 뜻을 가진 프시케(Psyche)였다. 영화 제목 '빠삐용(Papillon)' 역시 나비라는 뜻을 가진 프랑스어다. 나비는 동서양에서 생의 덧없음, 남녀의 사랑, 자유, 희망 등을 상징한다.

"남편은 조그마한 가게를 합니다. 수입은 날이 갈수록 줄어들고 아이가 셋입니다. 명문대 들어가기가 너무 어렵고, 졸업하고도 집에서 놀고 있는 이웃집 총각을 보면 한숨만 나옵니다. 그런 걱정보다 지금 당장 아이들 뒷바라지가 막막합니다. 우리가 어릴 때도 넉넉하지는 않았지만 지금이 더 힘든 것 같아요. 여기 오는 길에 나비가 봄꽃 위로 날아다니는 모습을 봤는데 갑자기 눈물이 나서 계속 걸을 수가 없었어요. 한참 가로수 밑에 서 있었습니다. 나비처럼 어디론가 훨훨 날아가고 싶었어요. 몸도 아프고 이제 아무 희망이 없어요." 어느 엄마가 하염없이 눈물을 흘리며 한 말이다.

제2차 세계대전이 끝나고 엘리자베스 퀴블러로스 박사가 아직 수용소 막사에 누워 있던 유대인 아이들을 보살피러 갔다가 나무 침대 여러 곳에 그려진 나비를 보았다. 초기 기독교 신자들이 물고기를 공동체적 결속의 상징으로 삼았듯이, 수용소 아이들도 혹독한 고통을 함께 견뎌내기 위해 일종의 형제애의 표시로 나비를 그린 것은 아닐까라고 박사는 생각했다. 아이들에게 나비가 무엇을 뜻하는지를 물었다. 처음에는 대답을 거부했지만 마침내 한 아이가 입을 열었다. "그 나비들은 우리와 같아요. 이 고통받는 육신은 하나의 매개체일 뿐이라는 것을 잘 알고 있어요. 지금의 우리는 애벌레와 같아요. 어느 날 우리 영혼은 이 모든 더러움과 고통에서 벗어나 날아오를 거예요. 나비를 그리면서 우리는 서로에게 이렇게 일깨워주곤 했어요. '우리는 나비다. 우리는 곧 날아오를 것이다.' 라고 말이에요." 베르나르 베르베르의 『상상력 사전』에 나오는 이야기를 그 엄마에게 들려주었다.

나비는 변태變態 능력 때문에 우리의 상상력을 자극한다. 우리도 나비와 같다. 현실이 아무리 힘들어도 꿈을 꾸며 그 꿈의 실현을 위해 노력하면 언젠가는 현재의 나와는 완전히 다른 사람으로 변신할 수 있다. 굼뜨고 보기 흉한 애벌레에서 허물을 벗고 훨훨 날아다니는 나비를 바라보며 나만의 아름다운 화원花園을 그려보자. 이 찬란한 봄날을 그냥 보낼 수는 없지 않은가.

봄꽃

아이들이 초중고에 다닐 때 우리 가족은 범물동에 살았다. 좀 구석진 곳이긴 하나 동네 바로 앞에 산이 있어 좋았다. 용지봉은 근처에서 가장 높은 봉우리이면서도 아이들과 왕복하기에 적당한 높이의 산이었다.

우리는 이사 온 그 다음해 봄부터 노트와 필기구를 가지고 산에 갔다. 언제 어느 비탈에서 노루귀가 피고, 어느 무덤에 핀 할미꽃이 가장 보기 좋고, 어느 오솔길 옆에 현호색 군락이 있고, 어느 바위 곁에 은대난초가 있고, 어느 송전탑 아래 깽깽이풀 군락이 있고, 어느 사면에 은방울꽃이 많고, 양지꽃은 어디에 소복이 모여 있는지 등을 기록했다. 귀한 꽃을 발견했을 때는 사람들 손이 타지 않도록 우리 나름의 보호조치를 취하기도 했다.

몇 년 동안 관찰하고 기록해보니 용지봉 일대의 야생화 개화 시기를 거의 예측할 수 있게 되었다. 특별한 야생화 군락도 비교적 상세하게 알 수 있었다. 야생화는 자세를 낮추고 세심하게 살피며 주의를 기울이지 않으면 그냥 지나치기가 쉽다. "자세히 보아야 예쁘다. 오래 보아야 사랑스럽다. 너도 그렇다."고 노래한 나태주 시인의 시 '풀꽃'은 그렇게 해보지 않은 사람은 절실하게 공감하기가 어렵다.

용지봉의 생태를 어느 정도 파악한 후, 우리는 매년 봄꽃 축제를 열었다. 그렇다고 거창한 행사를 하는 것은 아니었다. 봄꽃이 절정에 이르는 주말을 택해 친구와 지인 몇 가족을 초대했을 따름이다.

시 몇 편을 골라 참가자 수만큼 복사하고, 특별한 선물도 준비했다. 산행을 시작하기 전에 가족 당 야생화 도감을 한 권씩 선물했다. 꽃들을 보며 책을 펼쳐 확인하고 목적지에 도착한 후, 우리는 둘러 앉아 시를 낭송했다. 그런 다음 각자 준비해 온 간식을 나누어 먹었다. 산을 내려가서는 같이 밥을 먹었다. 산행 후의 밥맛은 꿀맛이었고, 삼겹살이라도 구워주면 아이들은 너무도 행복해했다. 그때 그 아이들 대부분은 이제 대학을 졸업했지만 간혹 연락이 온다. 용지봉 봄꽃 축제를 아직도 하는지, 한다면 서울에서 내려가겠으니 날짜를 알려달라고 한다.

지구상 산업사회 이전 단계에 사는 사람들은 아직도 계절의 순환, 일출, 일몰 등에 민감한 삶을 산다. 그러나 현대 도시인들은 해와 달, 별의 움직임은 보지 않고 톱니바퀴나 디지털 계기판이 만들어내는 인공적인 시간에 의해 생활한다. 그들의 삶은 각박하고, 여유롭지 못하다.

괴테는 '색채론'에서 "색채는 빛의 고통이다."라고 말했다. 이 세상 모든 곱고 아름다운 풍경은 빛의 고통이 만들어 낸 모습이라는 것이다. 봄꽃도 고통의 산물이다. 꽁꽁 얼어붙은 땅속에서 긴긴 겨울 동안 혹독한 고통을 이겨내고 피워낸 꽃이기에 더욱 귀하고, 아름다운 것이다. 프로이트는 인간의 지성적 영역보다는 정서적 영역과 무의식을 중시했다. 어린 시절 산길을 오르며 꽃과 대화를 나누고, 들판을 걸으며 종달새 소리를 들은 아이는 어른이 되어서도 정서와 무의식이 건강하다. 찬란한 봄날이다. 삶이 팍팍하고 힘들어도 온가족이 함께 꽃구경 나가 보자.

아버지

　　　해마다 삼동이 되면 동구 밖
버들골 주막집은 바빴다. 방 두 개는 밤낮 없이 불이 켜져
있었고, 두 눈이 시뻘건 사내들이 교대로 나왔다 들어가곤
했다. 그들은 조금만 돌아가면 뒷간이 있는데도 밤에는 버
드나무 둥치나 군불을 때기 위해 쌓아둔 장작더미에 볼일
을 봤다. 방에 다시 들어갈 때 그들은 주머니 속의 돈을 세
어 보기도 했다.

　방안에서 어떤 일이 벌어지는지 정확하게는 알 수 없었
지만, 무엇을 하고 있는지는 대충 짐작할 수 있었다. 문에
발라놓은 창호지가 스크린 역할을 하여, 전등 아래서 움직

이는 사람들의 그림자가 창호지에 비치기 때문이다. 간간이 박수소리나 거친 욕설이 흘러나왔고, 때론 멱살을 잡고 싸우기도 했다. 흥분한 얼굴로 방문을 쾅 닫고 나와, 주막집 버드나무에 침을 탁 뱉고 헛기침을 하면서 씩씩거리며 나가는 사람도 있었다. 주모는 사립문까지 따라 나와 오늘은 정말 재수 없는 날이라며 사내에게 위로의 인사를 건넸다.

소년이 맨 처음 아버지를 부르러 간 것은 초등학교 1학년 때였다. 소년의 아버지는 사흘째 집에 들어오지 않고 주막집에 있었다. 소년은 주막집에 도착하자 방안의 상황을 조용히 살폈다. 창호지를 통해 바쁜 손놀림을 볼 수 있었다. 드디어 잠시 조용해지는 때가 오자 소년이 방문을 열었다. 아버지와 눈이 마주치자 소년이 조용히 말했다. "아버지, 할머니가 큰아버지 오셨다고 아버지 모시고 오라했어요. 큰아버지께서 급히 상의할 일이 있다고 아버지 지금 오셔야 한답니다." 아버지는 뭔가를 눈치챈 듯 나직한 목소리로 답했다. "알았다. 곧 나가마." 사실 큰아버지는 오시지 않았다. 엄마가 집에 오라했다 하면 남들 보는 데서 남자 자존심이 상하기 때문에 거짓말을 한 것이다.

노름하는 아버지를 부를 때도 아버지의 권위를 지켜드리려고 온 가족이 애썼다. 사립문 밖에 기다리고 있으면 아버지가 나오셔서 소년을 번쩍 들어올려 한 번 꼭 안아주었다. 소년의 머리 위로 별이 초롱초롱 빛났다. 한 세대 전 겨울철 시골에서 흔히 볼 수 있었던 풍경이다. 각박한 삶의 현장에서 우리의 아버지들은 힘이 든다. 아버지는 속마음을 훌훌 털어놓을 곳도 없고, 가슴 뭉클한 위로를 받을 곳도 별로 없다. 우리에게 아버지는 어떤 존재인가. 노름하는 남편을 부를 때도 남편의 자존심과 권위를 존중했던 그 시절 어머니들은 또 얼마나 속 깊은 사람이었던가.

소년은 어른이 되어야 아버지를 이해하게 된다. 김현승 시인의 '아버지의 마음'은 아버지가 돌아가신 후에야 더욱 절실하게 와 닿는다. "…바쁜 사람들도/굳센 사람들도/바람과 같던 사람들도/집에 돌아오면 아버지가 된다//세상이 시끄러우면/줄에 앉은 참새의 마음으로/아버지는 어린 것들의 앞날을 걱정한다/어린 것들은 아버지의 나라다/아버지의 동포다//아버지의 눈에는 눈물이 보이지 않으나/아버지가 마시는 술에는 항상/보이지 않는 눈물이 절반이다/아버지는 가장 외로운 사람이다/아버지는 비록 영웅이 될 수도 있지만…//폭탄을 만드는 사람도/감옥을 지키는 사람도/술가게의 문을 닫는 사람도//집에 돌아오면 아버지가 된다/아버지의 때는 항상 씻김을 받는다/어린 것들이 간직한 그 깨끗한 피로…" 모든 엄마, 아빠들이 더욱 힘을 내시고, 아이들과 더불어 보다 행복한 날들이 좀 더 많아지기를 소망해 본다.

은방울꽃

오노레 드 발자크가 쓴 『골짜기의 백합』은 그의 시대와 인간군상을 분석한 사회소설이다. 또한 이 소설은 육체와 영혼의 갈등, 대립을 통해 숭고한 사랑의 본질을 깨달아 가는 성장소설이자 연애소설이다. 고1 겨울방학 때 나는 이 소설을 연애소설로 읽었고, 다 읽은 후에는 진한 감동을 주체할 수 없어 한동안 몸살을 앓았다.

주인공 펠릭스는 처음 가본 무도회장에서 백작 부인 앙리에트를 보고 한눈에 반해, 분별력을 잃고 어머니의 품에 뛰어드는 아이처럼 마구 키스를 퍼붓는다. 깜짝 놀란 백작 부인은 펠릭스의 여린 얼굴을 보고 돌발적인 무례한 행동을 용서해 주며 부드럽게 대해준다. 펠릭스는 앙리에트를 골짜기의 백합이라고 생각했다. 불행한 결혼 생활을 하고 있었지만 앙리에트는 품위를 잃지 않고 누굴 원망하거나 낙담하지도 않았다. 펠릭스는 그녀에게 자신의 고독한 유년시절을 이야기하며 뜨거운 사랑을 갈구했다. 그러나 그녀는 언제나 절도 있고 단정한 몸가짐으로 일정 거리를 유지하며 분명한 선을 그었다. 그녀는 펠릭스에게 삶의 용기와 처세술을 가르쳐 주었다. 그녀 덕분에 그는 파리에서 출세의 길로 들어섰지만 다른 여인과 애욕에 빠져 살아간다.

그러던 어느 날 앙리에트가 병이 들어 위급하다는 소식을 듣고 펠릭스는 백합의 골짜기로 달려간다. 임종을 앞둔 앙리에트는 펠릭스를 사랑한다고 고백한다. 사후에 남긴 편지에서 그녀가 그를 얼마나 사랑했는지, 그리고 그에 대한 사랑을 자제하는 것이 얼마나 힘들었는지를 고백하며 "나는 곧 골짜기의 품에 안기게 될 것입니다. 당신은 그곳에 자주 들러 주시겠지요."라는 말을 남긴다. 앙리에트의 고귀하고 순결한 사랑과 펠릭스가 갈구하는 뜨거운 육체적 사랑이 서로 대립하고 갈등하는 과정을 보며 젊은 이들은 말할 수 없는 비애와 감동을 느끼게 된다. 젊은 날에는 누구나 이런 순간을 경험하게 된다. 나는 소설 때문에 백합을 찾아 산골짜기를 돌아다니기도 했다.

소설의 원제인 불어 Le Lys dans la Vallee는 영어로 lily of the valley이다. 우리나라에서는 '골짜기의 백합'으로 번역되었지만 실제로는 '은방울꽃'이다. 1970년대 중반 파리특파원을 지낸 어느 일간지 기자가 "프랑스에는 지금 발자크 붐이 일어나서 그의 소설 '골짜기의 백합'이 인기 절정에 있다. 이런 복고 무드는 양장점과 쇼윈도에서도 볼 수 있는데, 한 가지 이상한 것은 '백합'이 아닌 '은방울꽃'으로 그 무드를 조성하고 있다."라고 썼다. 은방울꽃은 순결, 사랑, 행복, 기쁜 소식, 천국의 계단 등을 상징한다. 서양 사람들은 사랑하는 사람에게 이 꽃을 보내면 받는 사람이 행복해진다고 믿는다.

성장기엔 주기적으로 책을 통해 가슴 벅찬 감동을 경험해야 한다. 책과 자연을 통한 풍부한 감성의 배양은 미래 경쟁력과도 직결된다. 4월 말 무렵 은방울꽃은 피기 시작한다. 은방울꽃을 찾아내어 발자크의 소설과 꽃말을 떠올려 보고, 작은 은방울이 들려주는 순결한 사랑의 교향악에 귀 기울이며 그 향기에 취해보자.

오월이 가기 전에

　　　　　　오월의 잎들은 여리고 부드
럽다. 윤기가 난다. 싱그러운 햇살이 축복처럼 산과 들에
내려앉고 훈훈한 바람이 나뭇가지를 흔들면, 반짝반짝 빛
나는 초록의 귀걸이들은 현란한 동작으로 계절을 찬양한
다. 오월의 하늘은 눈부시게 푸르고, 환하고, 찬란하다. 그
하늘을 바라보면 우리의 가슴은 까닭도 없이 막연한 기대
로 부풀어 오른다. 오월에는 눈을 감지 않고도 꿈을 꿀 수
있다. 이제야 알겠다. 우리 조상들이 보릿고개를 견디어
낼 수 있었던 이유를. 오월의 나무와 잎새들, 오월의 하늘
과 태양은 어떤 어려움도 견디게 해주며, 모든 것을 잃은

사람들에게도 새로운 희망과 용기를 준다.

도시 학생들의 정서불안과 폭력성은 학교 건물과도 관련이 있다는 연구 논문이 나온 적이 있다. 그 연구에 따르면 단층의 목조 건물이 가장 좋다. 바람 소리, 벌레 소리, 빗소리가 교실에 그대로 들어올 수 있어, 학생들의 정서 순화에 크게 도움을 주기 때문이다. 철근 콘크리트 건물은 자연의 소리를 차단하여 풍경을 삭막하게 만들고 학생들의 성정을 거칠게 만든다. 문제는 자연의 소리와 풍광이다.

오월의 풀밭을 걸어보자. 엄마의 품처럼 포근하고 편안한 잔디에 풀썩 주저앉아 티 없이 맑은 하늘을 멍하게 바라보거나, 나비의 날갯짓을 무심히 바라보자. 그리고 눈길을 돌려 지천에 흐드러져 있는 토끼풀을 보자. 토끼풀 꽃 향기가 얼마나 감미로운지 아직 모르는 사람이 많다. 아빠는 엄마에게, 오빠는 여동생에게 꽃반지를 만들어 주자. 반지가 시들면 소중히 여기는 시집 속에 끼워 두자. 한참 세월이 지나고 어느 날 우연히 바싹 마른 꽃반지를 보면 가슴 깊숙이 각인되어 있는 풀밭의 추억들이 우리를 한없이 행복하게 해 줄 것이다.

오월의 강둑을 걸어보자. 몸을 낮추고 머리를 숙여 방죽을 따라 핀 들꽃들을 찬찬히 바라보자. 하늘에 닿아 있는 미루나무 사이로 새들이 날아가고 구름이 흘러간다. 강변 모래사장과 미루나무를 거쳐 온 상쾌한 바람은 겨울 맵찬 바람처럼 가시도 없고 모가 나지 않아 뼛속 깊이까지 포근하게 스며들어 우리의 지친 심신을 치유해 줄 것이다. 날 저물면 들길을 걸어보자. 타는 노을과 붉게 물든 엄마의 얼굴을 바라보고, 편안히 누워있는 먼 산의 실루엣을 바라보며 낙조의 풍경에 오래 잠겨보자.

감꽃이 한창이다. 늦은 봄날의 대기를 뚫고 뒷산에서 아득하게 울려 퍼지는 뻐꾸기 소리를 들으며 감꽃을 주워 보자. 목걸이와 팔찌를 만들어보자. 어린 시절 목걸이를 목에 걸고 돌아다니다가 집에 오면 벽에 걸어두었다 밤에 배가 고프면 감꽃을 한 개씩 빼내어 씹어 먹곤 했다. 감꽃이 필 무렵 원인 모를 병을 앓다가 굶어 죽은 이웃집 누나가 있었다.

"별을 닮은 감꽃/감꽃 실에 꿰어//가슴까지 길게/길게 목걸이 하면//죽어 별이 된 누이야/누이야 누이야//밤이나 낮이나 너는/너는 지지 않는 내 가슴 속의 별" 그 누나를 생각하며 쓴 '감꽃'이란 시다. 오월이 가기 전에 감꽃이 뚝뚝 떨어지는 시골 골목길 나들이를 해 보자.

기다림

　　　　　　　24절기 중 여덟째인 소만小滿
이 지났다. 이제 연둣빛 봄은 거의 물러나고 산과 들은 본
격적으로 신록으로 덮인다. 어린 시절이 생각난다. 저녁을
먹고 강둑을 걸으며 붉은 노을이 사그라지는 모습을 바라
보다가 다시 마을 입구로 들어오면, 못자리 개구리들의 집
단 합창 소리가 귀를 아프게 했다. 녀석들은 떼거지로 울
다가 어느 순간 동시에 울음을 멈추곤 했다. 그 순간의 고
요와 적막을 잊을 수가 없다. 초등 1학년 때 할머니께서
하신 말씀도 아직 기억에 생생하다. "개구리 소리 시끄럽
다고 불평하지 말거라. 개구리가 울어야 비도 오고 모가

자라지, 북망산천 가면 저 소리도 못 듣는다." 할머니는 보리가 누렇게 익은 오월 말에 세상을 뜨셨다. 제삿날에는 저승에 계신 할머니가 이승의 개구리 소리를 듣고 싶어 하실 거라는 생각을 하곤 했다.

발묘조장拔錨助長, 억지로 싹을 뽑아 성장을 돕는다는 말이다. 중국 송나라 때 어느 농부가 모를 심어 놓고 매일 아침 논으로 달려가 살펴보았다. 생각보다 더디게 자랐다. 어느 날 아침 논에서 벼 한 포기를 살짝 뽑았더니 키가 한결 자란 것처럼 보였다. 그날 저녁, 그는 종일 벼를 뽑아 키를 키운다고 열심히 일을 해서 힘이 다 빠졌다고 자랑했다. 의아하게 생각한 아들이 다음 날 논으로 달려가 보니 뽑힌 벼들은 이미 말라 죽어 있었다. 맹자 '공손추'에 나오는 말이다.

송나라 사람 곽탁타는 나무심기의 달인이었다. 그가 심은 나무는 종류에 관계없이 잎이 무성하고 탐스럽게 열매가 열렸다. 사람들이 비결을 물었다. "나는 나무를 잘 자라게 할 수 있는 능력이 없어요. 단지 나무의 섭리에 따라 그 본성에 이르게만 할 뿐입니다. 나무는 뿌리를 펼치려 하고, 흙은 단단해지려고 합니다. 그 본성을 살려주고는 건드리지도 않고, 걱정도 하지 않고, 돌아보지도 않습니다. 다른 사람들은 이렇게 하지 않아요. 뿌리를 뭉치게 하거나, 흙을 지나치게 돋워 주거나 모자라게 합니다. 그러고도 마음이 놓이지 않아 아침에 들여다보고, 저녁에 어루만집니다. 심지어 살았는지 죽었는지를 확인하기 위해 손톱으로 벗겨 보기도 하지요. 뿌리를 흔들어 흙이 단단한지 확인도 합니다. 그러니 나무와 흙은 본성을 잃게 되고, 나무가 제대로 자랄 수가 없지요." 당송 팔대가의 한 사람인 유종원의 종수곽탁타전種樹郭駝傳에 나오는 이야기다.

소만은 '만물이 점차 자라서 가득 찬다'는 절기다. 초목은 추운 겨울 동안 꼼짝 않고 있지만 봄이 오면 싹이 트고 때가 되어야 꽃이 피고 열매를 맺는다. 사람이 옆에서 아무리 안달해도 소용이 없다. 우리 부모들은 조바심과 불안감 때문에 아이가 스스로 야물면서 성장하게 내버려 두지 않는다. 조기 문자·숫자 교육, 지나친 선행학습 등은 현대판 발묘조장이다. 지속적인 관심과 사랑, 칭찬과 격려는 자녀 교육에 꼭 필요하다. 여기에다 아이 스스로가 점차적으로 자라 가득 차게 기다려주어야 한다. 기다림에 대한 지구력은 좋은 부모가 되기 위한 핵심적인 자질이라는 사실을 알아야 한다.

평미레

어린 시절 나는 집에서 꽤 멀리 떨어진 싸전에 가서 쌀을 팔아 오는 심부름을 자주했다. 어머니께서는 돈과 함께 마대 자루나 광목 자루를 잘 접어 내 손에 쥐여 주셨다. 내가 늘 가는 가게는 어른들끼리 서로 잘 아는 사이이기도 했지만, 다른 싸전보다 되가 후했다.

그 시절에는 곡물을 무게로 판매하는 것이 아니라 말이나 되로 팔았다. 그 경우에는 되질이나 마질의 방법에 따라 되나 말 속에 들어가는 곡식의 양이 달라진다는 것이 문제였다. 곡물을 대량으로 거래하는 5일장이 서는 날은 되질이나 마질에 능한 전문 '말쟁이' 가 활동하기도 했다. 말쟁이의 솜씨에 따라 곡식의 10분의 1 정도가 가감되기 때문이다.

싸전에 들어가 주인에게 인사하면 그분은 내 이름을 부르며 반갑게 맞아주고는 멍석 위에 산처럼 부어 놓은 쌀에 말을 푹 찔러 넣었다. 말의 3분의 2쯤 쌀이 담기면 양손으로 쌀을 끌어올려 말에 가득 넘치도록, 즉 고봉으로 쌀을 담았다. 그런 다음에 주인은 '평미레' 로 말의 가장자리인 전을 따라 수평으로 밀어 깎다가는 일부를 말 위에 남겼다. '평미레' 란 말이나 되에 곡식을 담아 그 위를 평평하게 밀어, 정확한 양을 재는 데 쓰는 원통 모양의 '방망이' 를 말한다. '되가 후하다, 박하다' 란 말은 평미레질을 할 때, 말이나 되의 끝부분에 여분으로 남겨주는 곡물 양의 많고 적음을 의미했다. 되가 박한 집은 평미레질을 할 때, 끝부분을 초사흘 초승달보다도 얇게 남겨 주었다. 되가 후한 집은 거의 초이레 상현달 모양만큼이나 많이 남겨주기도 했다.

개념槪念이란 낱말에서 한자 '개槪' 는 '평미레' 를 뜻한다. 개념이란 여러 관념 속에서 공통의 요소를 뽑아내어 종합한 하나의 관념을 말한다. 개념을 확립한다는 것은 '하나의 관념' 또는 '공통의 틀' 속에 들어갈 수 없는 것이나, 들어가지 않는 것들을 평미레로 밀어내는 사유 활동을 의미한다. 우리는 무엇을 배우고 가르칠 때 개념을 강조한다. 그러나 '개념'과 '틀'을 너무 강조하다 보면 '틀' 밖에 있는 모든 것을 평미레로 밀어버리고 배제하는 데 익숙해진다. 일상생활에서도 우리는 정해진 규칙 바깥에 있는 것들은 평미레로 밀어버리듯이 버리도록 강요받는다. 그러나 창조적 사고는 요구하는 틀 밖에 있지만 버려지지 않고 여분의 것으로 살아남은 것들 중에서 나오는 경우가 많다.

괴짜가 많이 나오고 그 괴짜의 목소리를 기꺼이 경청해 주는 분위기가 조성되어 있는 사회는 역동적이고 창조적 활력이 넘쳐난다. 무조건, 예외 없이 정한 틀 속에 들어오길 강요하지 않고, 기존의 규범과 틀을 좀 벗어나더라도 평미레로 밀어버리지 않는 관용과 융통성이 있는 사회는 각박하지 않다. 내 이웃과 아이들에게 너무 엄격한 기준을 요구하지 않으면 좋겠다. 가난하지만 되질과 마질이 후하던 시절, 그때의 여유와 인정이 그리운 요즘이다.

도시락

4교시 마침종이 울리면 화닥닥 도시락을 꺼낸다. 앞뒤 책상을 서너 개 붙여 각자의 도시락을 거기 얹는다. 반찬 통을 열면 내용물은 전체적으로는 비슷하면서도 다르다. 같은 물김치라도 집집마다 그 맛은 천차만별이다. 각자는 도시락의 3분의 1 정도를 먼저 먹고 나서, 친구의 반찬 통에서 반찬을 조금씩 덜어내어 자기 도시락에 담는다. 그런 다음 백철 도시락 뚜껑을 닫고 일제히 그것을 흔든다. 한참 흔들고 나서 뚜껑을 열면 밥과 반찬이 골고루 섞여 있다. '즉석 흔들 비빔밥'은 정말 맛이 있었다.

2교시 마치고 도시락을 까먹는 녀석이 한 반에 꼭 몇 명은 있다. 이 녀석들은 점심시간마다 젓가락으로 아이들의 밥을 한 덩어리씩 떼어 자기 도시락에 담는다. 대부분 아이들은 크게 거부감을 나타내지 않는다. 미리 한 젓가락 떼어 주는 아이도 있다. 그러나 간혹 미워서 주기 싫은 경우도 있다. 해결책은 있다. 뚜껑을 열자마자 밥에 물을 부어버리면 된다. 밥알이 다 부서져서 젓가락으로 집어 갈 수가 없기 때문이다.

보온밥통이 나오지 않았던 시절, 조개탄 난로가 있는 교실엔 3교시 마침종이 울리면 한바탕 전쟁이 벌어진다. 도시락을 난로 위에 얹어 덥힐 때의 순서 때문이다. 어디에 도시락을 놓느냐에 따라 점심시간의 행복도가 달라진다. 맨 아래 놓으면 밥이 눌어붙어 버린다. 난로 화력이 좋은 날은 밥 타는 냄새가 천지에 진동하고, 도시락 주인은 말도 못하고 속만 태운다. 적당한 온도일 때는 밥 눋는 냄새가 너무 구수해 반 아이들의 배를 더욱 꼬르륵거리게 했다. 도시락을 놓을 때 아이들이 가장 좋아하는 위치는 바닥 도시락 바로 위다. 눋지 않으면서 밥도 잘 덥혀지기 때문이다. 4층 이후에 얹으면 열이 전달되지 않아 찬밥 상태로 먹어야 할 가능성이 높다. 40대 중후반 세대는 지금까지 이야기 중 일부는 직접 경험했을 것이다.

그 시절에도 도시락은 빈부격차와 불평등을 가장 적나

라하게 보여주는 상징물이었다. 한 반에 한두 명은 모든 아이가 선망하는 환상적인 계란덮밥에 김을 가지고 와서는 다른 아이에게 주지 않으려고 뚜껑으로 가리고 혼자 먹었다. 도시락을 싸오지 못하는 아이들도 흔했다. 그런 아이들은 담임선생님의 도움으로 해결하기도 했고, 친구와 밥을 나누어 먹기도 했다. 자존심 강한 일부 아이는 점심시간마다 홀로 밖에 나가 찬물로 배를 채우기도 했으리라. 그들은 그렇게 이런저런 것들을 경험하고 극복하며 성장했다.

무상급식은 보편적 복지의 구체적 성과물이고, 엄마의 부담을 덜어주고 책가방을 가볍게 해주는 순기능적 측면이 더 많다. 그러나 도시락을 둘러싸고 벌어지는 많은 이야깃거리를 사라지게 했다. 엄마가 싸준 도시락으로 친구들과 함께 밥을 먹는 날이 한 번쯤 있는 것도 괜찮다. 도시락을 싸올 수 없는 아이들은 표시 안 나게 도와주면 된다. 밥은 부모와 자녀의 관계를 돈독하게 해주고, 사람을 사귀게 해주는 인성교육의 출발점이다. 도시락의 순기능적 측면을 살리는 지혜가 필요하다.

신독愼獨

고위직 인선과 인사검증을 위한 청문회가 진행될 때마다 많은 문제점들이 노출되고 있다. 부동산 투기, 위장전입, 세금탈루, 논문표절, 음주운전 등에서 완전히 자유로운 사람은 거의 없다. 그들의 변명과 해명 또한 각양각색이다. 학부모와 학생은 청문회 정국을 바라보며 어떤 생각을 할까. 그들의 궁색한 변명을 들으면서 대다수 국민은 주먹을 쥐며 분노하다가 '어떻게 자기 관리를 저렇게밖에 못 했을까'라며 혀를 끌끌 찬다. 그들이 언젠가는 이런 자리에 오를 수도 있다는 생각을 한 번이라도 했다면 평소 자기 자신을 좀 더 철저하게 관리했을 것이다. 그들은 별 죄의식 없이 법을 위반하면서 설마 문제가 되겠느냐고 가볍게 생각했을 것이다.

해동소학海東小學에 독처무자기獨處無自欺란 말이 있다. '홀로 있는 곳에서도 자신을 속이지 말라'는 뜻이다. 아무도 보지 않는 곳에서 나를 속이지 않는 것은 정말 힘든 일이다. 대학大學과 중용中庸에도 홀로 있을 때조차 도리에 어그러지는 일을 하지 않고 삼가라는 '신독愼獨'을 강조하고 있다. 공직에 나가기 전이든 후든 '무자기'와 '신독'은 동서고금을 막론하고 훌륭한 공직자들의 공통된 생활 철학이었다. '무자기'와 '신독'이란 덕성은 일차적으로 가정교육을 통해 배양된다.

어린 시절 우리 마을에는 구멍가게가 없었다. 장터까지 1㎞ 넘게 걸어 나가야 했다. 밤에 무엇을 사야 할 때는 손전등을 들고 갔다. 가게 문을 열고 들어가면 전구 하나가 진열대 전체를 밝히고 있었다. 불빛이 하도 어두워 물건을 겨우 구분할 정도였다. 너무 어둡다 보니 나이 든 주인은 거스름돈을 잘못 내 주는 경우도 더러 있었다. 심부름 다녀온 아이가 거스름돈을 잘못 받아왔을 때 어른들의 대응 방식은 아이의 미래를 좌우할 수 있다. 대부분의 집은 아이가 돈을 더 받아 왔을 때, 그날 당장 아니면 그 다음날 가게 주인에게 돌려주었다. 어떤 집은 아이가 잔돈을 더 받아오면 '오늘 재수 좋은 날이네.'라며 좋아하기도 했다.

나도 그 자리에서 확인하지 않아 돈을 더 받아 온 적이 있었는데, 아버지께서는 호통을 치시며 밤이 꽤 깊었지만 당장 가서 돌려주고 오라고 하셨다. 잔돈을 더 받아왔을 때 '운수 좋은 날'이라고 하던 집의 형은 30대에 감옥에 가는 불행한 일을 겪었다.

'낮말은 새가 듣고 밤말은 쥐가 듣는다'는 속담을 우리는 잘 안다. 이 세상에 비밀은 없다는 이야기도 너무나 잘 알고 있다. 절대빈곤에서 벗어나기 위해 수단과 방법을 가리지 않고 좌충우돌하던 개발독재시절에는 요령과 편법, 불법과 탈법이 현명한 처세술로 간주되기도 했다. 영악하게 법망을 피해 목적을 달성하는 사람이 때로 영웅시되기도 했다. 이제 세상은 그 어느 때보다도 투명해졌고, 한 개인의 과거와 현재의 행적, 말과 글 등은 며칠 만에 다 밝혀낼 수 있다. 규칙과 법을 준수하는 습관은 어릴 때부터 생활화해야 한다. 그래야 나중에 일어날 수 있는 보다 큰 불행을 막을 수 있다.

평범하지만 위대한 부모

지혜롭고 현명한 부모란 어 떤 사람인가. 엄마가 초등학교만 나온 학생과 상담할 기회가 있었다. 그 학생은 단짝 친구가 자기 엄마는 명문대 출신이라고 자랑할 때마다 죽고 싶을 정도로 부끄럽다고 말했다. 학생의 엄마는 일을 하기 때문에 오전 10시쯤에 나가 밤 10시가 넘어야 집에 온다고 했다. 나는 학생에게 엄마가 밥을 굶긴 적이 있는지 물었다. 밤늦게 들어오지만, 그다음 날 남매가 먹을 것을 다 준비한 후 잠자리에 든다고 했다. 공부에 필요한 책을 안 사준 적이 있느냐고 묻자, 그런 일은 없다고 했다. 엄마가 늘 하는 말이 무엇인지를 물었다. 학생의 엄마는 "돈 나올 모퉁이는 죽을 모퉁이고, 콩 심은 데 콩 나고 팥 심은 데 팥 난다."는 말을 입에 달고 산다고 했다. 나는 우리 엄마도 학생의 엄마와 비슷했다고 말했다.

지금은 그런 일이 없겠지만, 초중고 시절 학년 초에 담임 선생님은 항상 '가정환경조사'를 했다. 선생님은 부모의 학력, 자택과 셋집, 심지어 라디오와 피아노, 승용차에 이르기까지 재산 상태를 비교적 자세하게 조사했다. 학부모의 신상과 생활수준을 알면 학생 지도에 도움이 되는 것은 분명하지만, 그로 인해 어린 마음에 상처를 주는 일도 많았다. 특히 부모의 학력을 조사할 때가 그랬다. 대부분의 선생님은 아버지가 초졸인 학생의 손을 들게 하고 나서, 차례로 중졸·고졸·대졸 순으로 손을 들게 했다. 그리고 합계를 낸 후 학급 정원에서 몇 명이 부족하면 아직 손을 안 든 아이들을 마지막으로 확인했다. 그러면 서너 명이 손을 들었고, "선생님은 너희 아버지는 무학 맞지?"라고 말하며, 그 학생들 수를 더하여 전체 숫자를 맞추곤 했다. 그때 무학의 부모를 둔 아이들은 친구들 보기가 부끄러워 시선을 아래로 떨어뜨리거나 벽을 바라보곤 했다. 나는 양친이 다 무학자여서 두 번씩이나 맨 마지막에 손을 들어야 했다.

어머니는 말수가 적은 분이지만 평생 변함없이 되풀이

한 말이 있었다. 동네 어른이나 아이들 중에 누가 나쁜 행동을 하거나 다른 사람을 속이는 짓을 하면 "하늘이 내려다본다"고 했다. 믿을 수 없고 변덕이 심한 사람을 보면 "사람이 한날 한시 같아야지"라며 탄식했다. 어머니는 "죄는 지은 데로 가고, 공은 닦은 데로 간다"는 말을 습관처럼 되뇌곤 했다. 거지가 동냥을 하러오면 음식을 반드시 깨끗한 그릇에 담아 주었다. 행상이 집에 들어와도 냉수 한 그릇을 떠주곤 했다.

이 땅의 대다수 부모들은 학교 교육과는 상관없이 세상을 살아가는 데 꼭 필요한 정직한 노동과 그에 상응하는 보상, 도덕성, 일관성, 타인에 대한 배려 같은 덕목을 생활 속에서 실천하며 산다. 학력이 높고 재물이 많다고 그런 덕목을 가질 수 있는 것은 아니다. 나는 학생에게 우리 부모님 대부분은 평범하지만 훌륭한 삶을 살고 있다는 사실을 일깨워 주었다. 정직하고 성실한, 모범적인 삶의 전형을 보여주면서, 자녀 양육에 헌신하는 부모만큼 위대한 사람이 어디 있겠는가.

여름방학에는

　　　　　　길가 언덕에 핀 꽃을 볼 때
사람마다 그 반응은 다르다. 어떤 이는 몸을 낮추어 꽃을
찬찬히 살펴보며 향기를 맡아 본다. 그 과정에서 혹 입김
이 꽃에 닿아 해를 끼칠까봐 일정 거리를 유지하려고 조심
한다. 그 꽃만 보는 것이 아니고 주변도 살펴보며 다른 초
목들에게도 눈인사를 한다. 산을 넘고 강을 건너온 바람에
꽃이 흔들리는 모습을 지켜보며 자신의 몸도 조용히 흔들
어 본다. 그러는 사이 어느덧 저녁때 짧은 해가 서산으로
넘어가고 노을이 붉게 물든다. 나그네는 그 풍경에 한참
젖어 있다가 다시 배낭을 메고 아무 일 없었다는 듯이 가

던 길을 재촉한다.

무엇엔가 쫓기듯이 헐레벌떡 언덕에 도착한 나그네가 땅에 털썩 주저앉는다. 흘러내리는 땀을 대충 닦고는 배낭을 베고 누우며 주변은 보지도 않고 눈을 감는다. 잠시 후 눈을 뜨고는 향기가 나는 쪽을 살펴본다. 코가 꽃에 닿게 해서 냄새를 맡고는 머뭇거림 없이 그것을 꺾어 모자에 꽂는다. 그러고는 바삐 길을 나선다. 저녁 강에서 활활 타오르는 노을이 그에게는 아무런 감흥을 불러일으키지 못한다. 손에 잡히지 않는 것은 별로 의미가 없기 때문이다.

에리히 프롬은 '존재냐 소유냐'에서 두 종류의 생존 양식을 말하고 있다. '소유 양식'은 물질·욕망·지배 등에 관계하고, '존재 양식'은 생명·성장·사랑 등에 관계한다. 불행하게도 인류의 문명사는 꾸준히 존재 양식에서 소유 양식으로 바뀌어 왔다. 소유 양식이 지배적인 사회에서는 모든 것은 '가질 수 있느냐, 없느냐'로 판단한다. 길가의 꽃도 꺾어서 모자에 꽂아야 소유한다는 생각을 하게 된다. 그러나 느낌, 영감, 감사와 연민의 마음, 환희, 경이, 노을 등은 물질처럼 소유되지 않는다.

'소외'란 주체가 객체로 전락한 상태를 말한다. '만들어진 것'이 '만든 자를 지배하고 조종하는 것'이 소외다. 인간이 찍어낸 돈이 인간을 지배하고, 인간이 만들어낸 스마트폰과 로봇이 인간의 생활을 조종하고 지배하게 되는 것도 소외다. 지적 호기심의 충족과 의문을 갖고 있는 것을 알게 되는 희열과 기쁨을 위해 공부하는 것이 아니라 높은 점수를 받기 위해 공부하는 것도 소외다. 돈이 있어야 부모고, 공부를 잘해야 자녀라는 생각도 소외의 한 형태다. 소유사회에서는 모든 것이 물화된다. 주객이 전도된 사회에서 인간은 가족 안에서도 외롭고 책을 읽어도 행복하거나 즐겁지 않다.

방학이 오면 정확한 풀이와 정답을 요구하는 문제집을 떠나 며칠만이라도 눈길과 발길을 다른 데로 돌려보자. 그냥 일상을 벗어나 어디론가 훌쩍 떠난다는 데에 의미를 두면 된다. 서점에 들러 책 한두 권을 사서 독서 삼매경에도 빠져보자. 등장인물들의 일거수일투족에 환호하며 슬퍼하고 분노하다가 더위조차 의식하지 못하는 경지에 이르러 보자. "여름에는 서점이나 도서관에 가고 겨울에는 산과 바다로 가는 것이 좋다."라는 말이 있다. 소유보다 존재를 중시하는 사람들이 선택해 볼 수 있는 휴가 방식이라 권해보고 싶다.

제시간에 자고 아침은 꼭 먹자

　　　　　잠에 관한 언행으로 우리에게 가장 영향을 끼친 인물로 에디슨과 나폴레옹을 꼽을 수 있다. 에디슨은 '잠은 인생의 사치'라고 하면서, 자신은 서너 시간의 잠만으로도 충분하다고 했다. 그러나 그는 낮잠으로 필요한 수면의 양을 채웠다. 나폴레옹 역시 밤에는 서너 시간 정도만 잔다고 했다. 그 역시 낮에 행군할 때 말 위에서 졸며 부족한 수면을 보충했다. 나폴레옹이 영웅으로 남게 된 이유가 전쟁이나 잠보다는 독서라는 사실을 먼저 말하는 사람은 그렇게 많지 않다. 그는 24세에 장군이 되었고, 34세에 황제가 되었다. 그는 52년 동안 살면서 8

천여 권의 책을 읽었다. 그의 탁월한 웅변술은 독서에서 나왔다. 그는 전쟁 중에도 마차에 책을 실은 이동용 서재를 동반했다. 그는 『젊은 베르테르의 슬픔』을 7번 읽었고, 독일을 점령하고 제일 먼저 만난 사람도 괴테였다.

과열된 교육 열기와 지나친 성적 경쟁 속에서 많은 학부모들이 '자지 말고 공부하고, 놀지 말고 공부하라'를 자녀 교육의 금과옥조로 삼고 있다. 이런 터무니없는 말들이 아무런 의심없이 받아들여지다보니 도를 넘는 선행 학습과 수면 부족이 아이들의 지적·신체적 발달에 심각한 악영향을 미치는 상황이 계속되고 있는 것이다.

심리학자 댄 크립케는 동료 연구자들과 함께 6년여에 걸쳐 100만 명의 수면 패턴을 연구하여 결과를 발표했다. 하루 7~8시간 자는 사람들의 사망률이 가장 낮았다. 4시간 정도 자는 사람들은 이들보다 사망률이 2~2.5배 높았다. 10시간 자는 사람들도 사망률이 1.5배 더 높았다. 지나치게 잠을 많이 자거나 적게 자는 것, 둘 다 사망률을 높인다는 말이다. 잠은 사치나 시간 낭비가 아니라 생존을 위한 생물학적인 기본 욕구다. 공부하는 학생은 공부를 더 잘하기 위해서도 졸리면 자야 한다.

잠은 정보처리 능력과 집중력을 향상시킨다. 인간은 잠을 통해 불필요한 정보를 삭제하고 중요한 정보를 장기 기억으로 보존한다. 필요한 수면 시간은 개인차가 있지만 시간 부족을 느끼는 수험생이라도 6시간 이상 자야 한다. 미국 브라운대학의 크롤리 교수가 이끄는 연구진이 주중에 밤늦게까지 공부하고 주말에 늦잠을 자는 학생들은 학업 성취도가 낮다는 조사결과를 발표했다. 토·일요일에 늦잠을 자고 나면 여객기를 타지 않고도 신체에 장거리 여행이 주는 시차를 주게 돼 주초에는 피로 때문에 수업 집중도가 떨어진다는 것이다. 주중에 충분히 자면서 공부하고, 주말에는 야외활동이나 운동과 문화생활을 해야 집중력이 향상되고 몸과 마음에 새로운 에너지가 충전된다.

여러 기관의 조사 결과를 종합해 보면 아침밥을 먹는 학생들이 수능 성적이 좋고, 아침을 굶는 학생들은 수업 시간에 훨씬 많이 잔다는 사실을 알 수 있다. 밥을 먹어야 두뇌활동이 활발해지고 학습 활동을 극대화할 수 있다. 충분한 수면과 아침 밥 먹기는 공부를 잘하기 위한 필요조건인 셈이다. '제시간에 잠자고, 아침은 꼭 먹자'를 범국민운동으로 전개할 필요가 있다.

가을 들녘

　　　　　　　'자연은 가장 훌륭한 교사'
라고 선언한 루소. "자연을 보라. 그리고 자연이 가리키는
길을 따라가라. 자연은 쉼 없이 아이를 단련시킨다."라고
한 그의 말을 떠올리며 가을 들녘을 걸어간다.

　산 넘고 강을 건너온 청량한 바람이 여름날의 폭염과 비
바람을 견뎌 낸 벼들을 쓰다듬으면, 고개 숙인 벼들은 찬
란한 황금물결로 화답한다. 논두렁 억새들이 가을 햇살과
밀어를 속삭이면, 수리도랑을 따라 빨강, 분홍, 하양으로
곱게 핀 코스모스는 고추잠자리와 정담을 나눈다. 농로에
서 있는 경운기 옆에서는 초로의 부부가 새참 국수를 맛있

게 먹고 있다. 들녘이 끝나는 곳에 이르면, 가을 강이 낮은 목소리로 속삭이며 흐른다. 강둑에 올라서면 강굽이 아득하고, 짧은 가을해 어느덧 서산에 걸린다. 노을에 젖어 깊은 사색에 잠겨 있는 강변 백사장 미루나무들 사이로 새들이 재잘거리며 집으로 돌아간다. 모든 것이 평화롭고 풍요로운 풍경이다.

고개 숙인 벼들은 보면 볼수록 우리의 탄성을 자아낸다. 그 낱낱의 쌀알은 햇볕과 달빛, 천둥과 비바람, 농부의 피와 땀, 그 모든 것의 정수만을 담아 영글었기에 저렇게 알차고 아름다운 것이다. 저들도 오뉴월에는 푸른 잎 칼날처럼 곧추세우고, 고개 빳빳하게 들고 당돌하게 태양과 맞섰을 것이다.

우리는 아이들에게 벼는 익을수록 고개를 숙인다고 말하며 겸손과 순종을 강요한다. 오뉴월에 고개 숙인 벼는 가을이 와도 쭉정이밖에 안 된다. 젊은 날은 오뉴월의 벼처럼 도도하고 자신만만해야 한다. 그래야 그 모든 시련과 도전에 당당하게 맞설 수 있고, 성장에 필요한 자양분을 강하게 흡수할 수 있다. 아이와 함께 가을 들판을 걸으며 지난여름의 천둥과 번개, 젊은 날의 성장통에 대해 이야기해 보자.

초로의 부부는 새참을 어쩌면 그토록 맛있게 드시는가? 성취감과 행복감이 수반될 때, 고된 노동은 밥맛을 돋워준다. 시간만 죽이고 별 성과 없이 밥을 먹게 될 때, 옛 사람들은 밥값 못했기 때문에 입맛이 쓰다고 말했다. 학생이 공부에 몰입한 후, 가슴 뿌듯한 성취감을 느낄 때 밥맛은 꿀맛이다. 종일 책상에 앉아있어도 이룬 것 없다고 생각하면, 밥알이 모래알 같고 먹어도 소화가 되지 않는다. 아이와 들녘 끝까지 걸어가며 육체노동의 가치와 의미, 기다림의 미덕에 대해 이야기하고, 밥상머리에서의 행복과 즐거움을 위해, 먼저 땀 흘려 일하고 공부하는 것이 얼마나 중요한가를 가슴에 새겨보자.

아직도 산업사회 이전 단계에 사는 사람들은 일출, 일몰, 계절의 순환이 만드는 자연의 시간에 따라 산다. 현대 도시인은 해와 달, 별의 움직임은 보지 않고 톱니바퀴와 디지털 기기가 만들어내는 인공적인 시간에 따라 움직인다.

한 번쯤 온 가족이 황금 들판으로 나가 해와 달, 별, 쑥부쟁이, 구절초, 코스모스가 만들어내는 자연의 시간을 느껴보자. 논두렁, 밭두렁, 강둑에 앉아 함께 밥을 먹고 담소를 나누면서, 유유히 떠다니는 새털구름을 바라보며 몸과 마음을 가볍게 해보자. 가을 들녘과 높푸른 하늘은 오염된 영혼을 정화시키고, 신체에 새로운 활력을 불어넣어주는 신비로운 힘을 가지고 있다. 자연은 찾아주기만 하면 자신의 모든 것을 아낌없이 내준다.

설거지

여름 한낮의 시골 마을은 적막하다. 만물이 잠들어 있기 때문이다. 해뜨기 전에 나가 점심때까지 논에서 김을 매고 온 아버지는 대청마루에서 목침을 베고 낮잠을 잔다. 뒷산 콩밭에서 김을 매고 들어와, 홍두깨로 국수를 밀어 식구들 점심을 해먹인 엄마도 안방에서 잠을 잔다. 한더위가 몰려오기 전에 동네를 한 바퀴 돌고 온 할머니도 손자·손녀를 옆에 끼고 사랑방에서 잠을 잔다. 복실이도 대청마루 밑에서 잠을 잔다. 감나무와 집안의 다른 초목들도 어깨를 축 늘어뜨리고 잠을 잔다. 활짝 핀 참나리꽃 위의 호랑나비들만 더위를 모르고 분주하게 움직인다. 매미소리가 주기적으로 마을의 고요를 깨트린다.

갑자기 천둥 번개가 치고, 시커먼 먹구름이 몰려온다. 엄마는 빨랫줄을 받치고 있는 바지랑대를 낮추고 빨래를 걷는다. 아버지는 급히 쇠붙이 농기구 따위를 치우고 덮는다. 이윽고 장대비가 쏟아진다. 엄마는 시원하게 쏟아지는 빗줄기를 바라보며 "네 아버지가 마당 설거지를 끝내고 비가 쏟아져 다행"이라고 말한다.

엄마의 '설거지'란 말이 언뜻 이해되지 않는다. '설거지'란 음식을 먹고 난 뒤에 그릇을 씻어 정리하는 일이라고 알고 있기 때문이다. 비를 맞혀서는 안 될 물건을 치우거나 덮는 일을 '비설거지'라고 한다는 것은 초등학교 2학년 정도 되어야 알게 된다. 좀 더 나이가 들고 나서는 초상이나 잔치같은 큰일을 치른 다음에 하는 뒤처리를 '뒷설거지'라고 한다는 사실도 알게 된다. 설거지의 종류와 뜻을 다 알게 된다는 것은 집안일에 적극적으로 관심을 가지는 나이에 이르렀다는 것을 의미한다.

'먹는 방송'의 준말인 '먹방' '쿡방'이라는 신조어가 국민적인 유행어가 되고 있다. 셰프들이 요리를 시작하면서 가장 먼저 배우는 일은 설거지라고 한다. 그들은 설거지에도 일반적이고 보편적인 순서와 방법이 있다고 말한다. 당장 사용해야 할 것을 먼저 씻는다. 그 다음에는 간단한 것, 작고 가벼운 것, 쉽게 씻어낼 수 있는 것부터 씻는다. 찌꺼기가 달라붙어 바로 떨어지지 않는 것들은 물에 불려 놓아야 한다. 가지런하게 잘 씻어놓은 그릇은 보기도 좋고 사람의 기분을 상쾌하게 한다.

요즘 아이들은 공부만 잘하면 된다고 생각한다. 상당수 부모들도 그렇게 말한다. 밥 먹고 난 후, 설거지를 직접 하거나 거드는 일은 거의 없다. 심지어 아침에 일어나 이부자리 정리도 하지 않는 아이들이 많다. 그들은 식탁이 다 차려진 후에 나타나 음식 투정이나 하며 먹기만 할 뿐, 밥상이 차려지는 수고를 알려고 하지 않는다. 이렇게 자란 아이들이 어떻게 남을 먼저 배려할 수 있고, 자신을 희생하여 남을 행복하게 하는 일에 앞장설 수 있겠는가. 아빠를 포함해 가족 모두가 밥 먹고 난 뒤에는 자기 그릇만이라도 싱크대에 담고, 식탁을 닦는 일을 실천해 보자. 매사를 신중하게 미리 준비하고, 귀찮고 성가신 뒷설거지에 솔선수범하는 사람이 인생에서 성공할 가능성이 높다는 사실을 기억하자.

뻥튀기

　　　　　　　동네 아낙들과 아이들이 길
게 줄을 서 있다. 발밑에는 양푼이나 자루에 쌀, 보리, 콩,
강냉이, 누룽지 같은 것들이 담겨 있다. 목장갑을 낀 아저
씨가 뻥튀기 기계에 달린 손잡이를 천천히 돌린다. 그 쇠
통 밑에는 장작이 담긴 화로가 있고, 장작이 활활 타도록
풍로가 화로에 바람을 불어넣고 있다. 10여 분 정도 통을
가열하여 압력 게이지가 일정 수치에 이르면, 아저씨는 화
로를 빼내고는 철 망태를 기계 입구에 걸면서 "자, 터집니
다."라고 소리친다. 주위에 있는 누군가가 "귀 막아라."고
소리치면 어른 아이 모두 귀를 꼭 막는다. 일부 여자 아이

들은 치마를 걷어 올려 얼굴도 함께 가린다. 사내아이들이 킥킥거리며 웃는다.

드디어 '뻥' 소리와 함께 하얀 김이 솟구치면서, 철 망태 속에는 구수한 냄새를 풍기는 튀밥이 가득 찬다. 아이들이 모두 달려들어 뻥튀기 기계 주변에 떨어진 튀밥을 주워 먹는다. 아이들은 사카린 한두 스푼을 넣고 튀긴 강냉이를 가장 좋아했다. 하얗게 부풀어 오른 강냉이의 까칠하면서도 달콤한 맛은 정말 잊을 수 없다. 음력 섣달 대목장에 늘 등장하는 풍경이다. 아직도 시골 장에서는 그 모습을 볼 수 있다.

섣달은 한 해를 정리하는 달이다. 예나 지금이나 사람들은 한 해를 잘 마무리해야 새해를 힘차게 맞을 수 있다고 생각한다. 동네 사람들은 빌린 농기구가 있으면 돌려주고 빚도 섣달 안에 갚으려고 노력했다. "섣달이 둘이라도 시원치 않다" "섣달 그믐날에는 고양이 손도 빌린다" 같은 속담은 세월의 빠름과 한 해를 마무리하는 일의 바쁨을 나타낸다. "섣달이라 그믐날은 빚준 사람 문서 들고, 일 년 마감진다 하고 빚 달라고 조르건만, 임을 팔아 빚을 준들 어린 것들 불쌍하다." 영동지방의 이 민요는 한 해를 정리하는 과정이 서민들에게는 얼마나 힘이 드는 일인가를 잘 보여준다.

섣달은 열두 달이 포개지는 그 무게로 서민들의 몸을 천

근만근 무겁게 했다. 섣달은 세상살이 과정에서 알게 모르게 저지른 잘못과 흠집 때문에 마음 또한 무거운 달이었다. 그래서 사람들은 정화의 상징으로 목욕재계를 하고 새해맞이 준비를 했다. 아무리 가난한 집이라도 설에는 아이들에게 양말 한 켤레는 마련해 주려고 애썼다.

아이들은 한 가정의 미래고 희망이었다. 아이들에게 '뻥' 하는 폭발음은 설날을 기대하게 하는 축포 소리였다. 그 아이들은 자라서 어른이 되고, 그들은 다시 자기 아이들과 함께 그 소리를 들으며 허기진 세월을 용케 버티면서 그들을 잘 키워준 부모님께 감사하며, 가슴 아리게 하는 추억에 잠기곤 했다.

설날이 다가왔다. 삶이 고달플수록 유년의 기억에 각인된 고향의 빛깔과 소리는 더욱 생생하게 떠오르고 고향을 향한, 혈육을 향한 그리움은 커진다. 모두에게 행복하고 즐거운 명절이 되길 소망해 본다.

묘사

　　음력 시월 상달, 묘사 철에는
정말 추웠다. 선산에 오르면 귀가 떨어져 나갈 것 같았다.
양말을 겹쳐 신었지만 발가락이 잘려 나가는 것처럼 시리
고 아팠다. 볼은 감각이 없었고, 입은 얼어붙어 말하기도
힘들었다. 윤달이 있어 10월이 양력 12월까지 밀리게 되
면 그 추위는 이루 형언할 수 없을 정도였다. 그래도 불평
한마디 할 수 없었다. 강요가 아닌, 아니 오지 말라고 했는
데도 떼를 써서 따라 나섰기 때문이다.

　제물을 진설하고 축문을 낭독하는 등의 모든 절차는 왜
그리도 길게 느껴지던지. 그래도 윗대 묘소부터 아랫대로

내려오는 과정에 향로나 잔대를 들고 따라다니다 보면 어느새 기다리고 기다리던 음복 시간이 왔다. 머리에 유건을 쓰고 기다란 도포를 입은 문중의 어른들이 앉아있는 곳에 먼저 음식을 갖다드리면, 어른들은 떡이나 과일을 아이들에게 나누어 주었다. 그 시간을 위해 그 추위에도 따라간 것이다. 그때 먹었던 곶감이나 떡의 맛은 정말 잊을 수가 없다. 청장년들은 참석한 친척들에게 골고루 음식을 나누고, 연로하여 산에 오지 못한 어른들에게는 음식을 따로 넣어 봉과를 만들었다. 타성이라 할지라도 선산 아랫마을의 상노인 몇 분에게는 봉과를 만들어 드렸다.

묘사의 전 과정 중에서 가장 힘든 일은 동네 아이들에게 묘사 떡을 나누어 주는 것이었다. 동네 아이들을 잘 대접하지 않으면 고의로 묘를 훼손하는 일이 있어 한 사람도 빠짐없이 공정하게 음식을 나누어 주어야 했다. 아이들을 한 줄로 세워놓고 떡과 함께 과일, 건어물, 심지어 물컹한 전 종류도 나누어 주었다. 일부 여자 아이들은 겨우 걷는 동생을 앞세우고 젖먹이까지 업고 와서 3인분을 받아가기도 했다. 지금 아이들은 상상도 할 수 없는 일이지만, 불과 얼마 전까지도 실제로 있었던 세시풍속이다.

묘사(묘제, 시제, 시향)는 제수를 마련하여 산소를 찾아, 조상의 음덕에 감사하며, 선조의 얼을 이어 받으려고 노력하는 숭조정신崇祖精神의 실천이다. 묘사는 각지에 흩어져 살고 있는 자손들이 모여 함께 음복하며 친족끼리 화목을 도모하는, 목족睦族 정신을 함양하는 행사이다. 유교적 가치관이 약화되고 급속히 핵가족화가 진행되면서 묘사는 생활과 직접 관련이 없는 일로, 심지어 허례허식으로 간주하는 사람이 늘어나고 있다. 어른들의 생각이 이러하니 아이들은 말할 것도 없다. 필자가 최근 중학교 학부모 200여 명을 상대로 강연을 하기 전에, 자녀를 묘사에 참여시켜 본 적이 있는 사람을 조사했더니 16명만 손을 들었다. 올해도 보낼 것인지에 대한 물음에, 상당수는 아이가 힘들어하고 재미없어 하기 때문에 아빠만 보낼 생각이라고 했다.

전통은 무조건 고수해야 한다는 태도도, 고리타분한 것이니 무시한다는 태도도 둘 다 바람직하지 않다. 묘사를 무조건 참여해야 하는 의무라고 여기거나, 시간 나면 가는 선택 사항으로 생각한다면 계속 유지할 수 없다. 시대에 맞게 고칠 필요가 있다. 제일 윗대 묘사를 지내는 날은 팽이치기, 제기차기, 딱지치기 같은 민속놀이를 재현하여 자라는 아이들이 특별한 재미를 느끼도록 해주고, 병 속에 화살을 던져 넣는 투호나 윷놀이 등으로 여자들도 함께 즐길 수 있는, 남녀노소 친척 모두의 축제로 발전시킬 필요가 있다. 뿌리 없는 줄기나 잎은 없다. 우리는 지금 무엇을 위해 앞만 보고 달리고 있는가.

저무는 강가에서

　　　　　　　　겨울 강을 찾았다. 강물은 칼
날 바람에 잔주름을 지으며 낮은 신음소리로 울기도 하지
만, 해빙을 기다리는 초목들에게 꽃피는 봄날과 여름 날
초원의 축제를 끊임없이 상기시켜 주며 잠시도 흐름을 멈
추지 않는다. 미루나무는 가진 것 하나 없어도 앙상한 가
지에 까치집을 품고 날아가는 철새들에게 손을 흔들어 주
고 있다. 극심한 겨울 가뭄에 목이 타는 빈 들녘은 봄비 내
린 후 새싹 돋아나는 봄날이 하루빨리 다가오길 기도하며
긴긴 겨울을 견디어내고 있다. 해지면 강 건너 저 오두막
집에도 불이 켜질 것이고, 노부부는 겸상을 하고 마주앉아

대처에 나간 자식들의 안전과 행복을 빌며 힘겹게 숟가락질을 할 것이다.

어금니 아빠 이영학 사태로 기부금에 대한 불신과 반기업 정서로 인한 기업의 기부문화 위축으로 전년도보다 기부금액이 현저하게 줄어들 것이라는 보도가 나오고 있다. 지금 내 배가 아무리 불러도 이웃이 굶고 있으면 지속적인 나의 행복도 기대하기 어렵다. 날로 심각해지고 있는 빈부격차를 계속 방치할 경우, 우리는 심각한 대가를 치러야 할지도 모른다. 자신의 안전과 행복을 위해서도 주변 어려운 사람들을 눈여겨 살펴보아야 한다.

마오리족에게는 선물의 영靈 하우Hau가 있다. 그들은 누군가로부터 선물을 받으면 선물의 영 하우도 같이 따라와서 선물을 받은 사람에게 계속 머물게 된다고 생각한다. 이 하우는 선물 받은 사람이 다른 사람에게 선물을 해야 비로소 그 사람에게서 떠나게 된다. 만약 남에게 선물하지 않으면 하우는 계속 그 사람에게 머무르며 저주의 힘이 되어 병이 나게 하거나 죽게까지 한다. 무엇을 받았으면 반드시 다른 사람에게 베풀고 돌려주라는 말이다. 준다는 것이 물질적인 것만을 의미하는 것은 아니다.

세계적인 건축가 미스 반 데어로에의 수업을 들으며 건축 공부를 한 어느 건축가의 말은 우리에게 많은 것을 시사해 준다. 미스의 제자는 공부를 하고 작품을 만들 때 스승이 알지 못하고 스승이 옆에 없어도 자신의 작업이 스승의 눈을 통과해야 한다고 생각했다. 그는 항상 스승이 지켜본다는 긴장 속에서 공부하고 작품을 만들었기 때문에 훌륭한 건축가가 될 수 있었다고 회상했다. 미스 반 데어로에는 제자에게 아무것도 해 준 것이 없다. 그는 자신의 존재만으로 제자에게 건축가로서의 자세와 능력을 선물한 것이다. 곁에 존재하는 것만으로 귀한 선물, 힘이 되는 그런 사람이 있으면 좋겠다. 이진경의 『삶을 위한 철학 수업』에 나오는 이야기다.

낙조의 강물을 바라보며 나에게 물어 본다. '내가 존재하는 것만으로 누군가에게 소중한 선물이 되는 삶을 살고 있는가? 내 존재가 남의 고통이 되지는 않는가?' 존재하는 것만으로 힘이 되어 줄 수 있는 아버지, 어머니, 남편, 아내, 자식, 선생님, 제자, 선배, 후배, 동료, 이웃, 연인이 되기를 소망하며 지나온 한 해를 돌이켜 보자. 다사다난했던 한해가 저물고 있다. 살아남은 모든 것의 가슴에 축복처럼 함박눈이 펑펑 쏟아지면 좋겠다.

겨울 이야기

중2 때 일이다. 긴긴 겨울 방학 동안 거의 매일 저녁 우리는 돌아가며 친구 집에 모였다. 촉수가 낮은 전구에서 나오는 희미한 불빛을 받으며 커다란 이불 속에 발을 넣고 둘러앉아 돌아가며 재미있는 이야기를 했다. 마을 뒷산 공동묘지에 있다는 도깨비나 매달 초하룻날 밤 당집에 나타난다는 하얀 소복 차림의 처녀귀신 등의 이야기를 하며 등골이 오싹해지는 느낌을 즐겼다.

이야기가 시들해지면 윷놀이를 했다. 지는 편 아이들은 밤참을 구해와야 했다. 아이들은 집에 가서 생쌀을 가져오거나 때로 운이 좋은 날에는 엄마한테 곶감을 얻어오기도 했다. 뾰족한 해결책이 없을 때 최후의 방법은 있었다. 우리는 커다란 양푼을 들고 남의 집 동치미를 묻어둔 단지에 가서 푹 삭은 무와 배추를 가득 담아와 나누어 먹었다. 한번은 김치를 꺼내고 단지 뚜껑을 닫지 않아 쥐가 빠져 죽은 사건이 있었다. 그 집 어른은 누가 한 짓인지 알았지만 범인을 색출하려 하지 않았다. 마을 어른 모두가 동네 아이들의 성장에 관여했기 때문이다. 우리는 그때 일을 아직도 미안하게 생각한다.

동네 아이들이 샛강을 따라 일렬로 줄을 서서 신나게 달리다 보면 등골엔 땀이 흐르지만 칼날 바람에 턱이 얼어붙어 제대로 말을 할 수 없었다. 어쩌다 한 녀석이 숨구멍이라 불리는 주변보다 얇은 얼음 위를 지나다가 빠지면 그제야 모두 강둑에 나와 불을 피워 놓고 젖은 양말을 말리며 손발을 녹였다. 간혹 불어오는 강풍에 불길이 강둑 전체로 번져나가면 모두 겉옷을 벗어 불을 껐다. 나일론이 주성분인 옷은 쉽게 구멍이 나게 마련이고 날 저물고 해가 져도 우리는 꾸중을 들을까봐 두려워 골목에서 서성이다가 마실(마을)갔다 돌아오는 할머니에게 이실직고하고 구원을 청하기도 했다.

과거를 무턱대고 미화하려고 옛날 이야기를 하는 것이 아니다. 혹독한 추위 속에서도 사람들의 가슴엔 따뜻한 인정이 활화산처럼 용솟음쳤다. 그러기에 서로 생각해주고 위로하며 어려움을 견딜 수 있었다. '문풍지 우는 겨울밤이면/윗목 물그릇에 살얼음이 어는데/할머니는 이불 속에서/어린 나를 품어 안고/ 몇 번이고 혼잣말로 중얼거리시네//오늘 밤 장터의 거지들은 괜찮을랑가/소금창고 옆 문둥이는 얼어 죽지 않을랑가/뒷산에 노루 토끼들은 굶어 죽지 않을랑가//아 나는 지상에서 가장 아름다운/시낭송을 들으며 잠이 들곤 했었네//찬바람아 잠들어라/해야 해야 어서 떠라//한겨울 얇은 이불에도 추운 줄 모르고/왠지 슬픈 노래 속에 눈물을 훔치다가/눈산의 새끼노루처럼 잠이 들곤 했었네' 박노해 시인의 '그 겨울의 시' 전문이다. 소리 내어 읽어보고, 눈을 감고 그 장면을 조용히 떠올려보라. 얼마나 따뜻하고 포근한 시인가.

유례 없이 따뜻한 겨울이다. 그래도 관심을 가지고 주위를 살펴보면 추위에 떨며 외롭고 쓸쓸하게 겨울을 보내는 사람이 많다. 부모 자녀가 함께 주변의 고통 받는 사람들을 찾아 가서 따뜻한 온정을 나누는 시간을 가져보면 좋겠다.

크리스마스카드와 실

시골 외딴 마을 고요한 백설의 풍경 속 조그마한 교회나 성당이 위압적이지 않은 높이로 아담하게 서있다. 첨탑 십자가 끝에는 빨간 별이 아기 예수를 기다리며 깜빡이고 있다. 교회 앞마당 눈사람 곁에는 때때옷을 곱게 차려입은 여자아이와 남자아이가 공손한 자세로 인사를 하고, 교회 뒤쪽 먼 곳에는 사슴이 끄는 썰매를 타고 산타 할아버지가 다가오고 있다.

크리스마스카드가 보여주는 정경은 평화롭고 아름답다. 우리에게 크리스마스카드는 성탄 축하뿐만 아니라, 종교를 떠나 새해 연하장의 용도도 함께 지니고 있다.

부모님 세대는 크리스마스카드 겉봉에 우표와 함께 크리스마스 실(seal)을 붙였다. 우표와 유사한 형태로 발행되지만 우편 요금과는 관계없다. 카드를 보내는 사람이 작은 기부를 했다는 증표다.

크리스마스실은 1904년 결핵 퇴치 기금을 마련하기 위해 덴마크에서 처음 발행되었고, 유럽 전역으로 퍼져나갔다. 우리나라에서는 1932년 캐나다인 선교사 로제타 셔우드 홀에 의해 처음 발행되었다. 스마트폰이나 전자우편이 주된 의사소통 수단이 되고 있는 요즘, 크리스마스실에 대한 관심은 크게 줄었다. 올해도 크리스마스실이 판매되고 있지만, 이를 모르는 사람이 더 많다. 우리나라는 결핵 발생률이 인구 10만 명당 100명꼴로 OECD 34개국 중 1위다. 크리스마스실을 산다는 것은 결핵의 위험성을 새삼 인식하면서, 어려운 사람을 돕는다는 자부심을 동시에 가지게 해준다.

어느 사회학자의 주장처럼 공동체로서의 우리 사회는 지금 위기에 처해 있다. 1997년 IMF외환위기 후 본격화된 신자유주의는 우리로 하여금 만인에 대한 만인의 경쟁을 당연한 것으로 받아들이도록 강요했다.

우리 사회는 지금 끝이 안 보이는 불황의 터널에 갇혀 있으며, 수많은 사람이 다양한 걱정과 불안 속에 힘겨운 나날을 보내고 있다. 20대는 취업 불안, 30~40대는 상시적인 구조조정에 따른 퇴출 불안, 50대 이후는 노후 불안이 심리 근저에 깔려있다 보니, 어려운 이웃을 생각한다는 것 자체가 사치로 간주되고, 그런 것은 여유 있는 자만이 할 수 있는 특권이라는 생각이 팽배해 있다.

인간은 사회적 동물이라 혼자서는 행복할 수 없다. 내가 지금 다소 어렵더라도 나보다 힘든 사람을 도울 줄 아는 존재가 인간이다. 크리스마스를 전후한 시기는 학생들이 기말시험을 끝내고 다소 숨을 돌리는 때다. 부모님들이 미술시간에 크리스마스카드를 만들었던 것처럼 우리 아이들도 카드나 연하장을 직접 만들어, 겉봉에 크리스마스실을 붙여 친구나 선생님께 보내게 해보자. 차갑고 냉정한 디지털 시대를 살고 있는 우리에게 아날로그적인 감수성과 따뜻한 사랑의 손길은 여전히 소중하고 가치 있는 미덕이다. 사랑의 온기가 우리 사회의 가장 구석진 곳까지 전달되어, 모두에게 따뜻한 성탄절이 되길 소망해 본다

3부

돈키호테를 기다리며

우리는 감성과 창의적 사고가
강력한 생존 수단이자 경쟁력인 시대를 살고 있다.
섬세한 감성과 창의력을 배양할 수 있는 최고의 방법은
시를 암기하는 것이다.
이 가을 온 가족이 밥상머리에 앉아
좋은 시 한두 편을 낭송하며 암기하도록 노력해보자.
시를 암기하면 삶이 근본적으로 달라질 수도 있다.

돈키호테를 기다리며

　　신이 인간의 오만과 타락을 심판하려 했다. "그래도 세르반테스가 돈키호테를 쓰지 않았습니까?" 곁에 있던 도스토옙스키가 인간이 신에게 자랑할 수 있는 유일한 것이긴 하지만 이 작품이 있으니 심판을 재고해 달라고 항변했다는 이야기가 있다.

　세르반테스는 젊은 날 이탈리아에서 추기경 시중드는 일을 하며 르네상스 문학에 관심을 가졌다. 그는 세계 3대 해전 중의 하나로 꼽히는 터키와의 '레판토' 해전에 참가하여 가슴에 여러 번 총상을 입었고 왼손을 쓸 수 없게 되었지만, 그의 용감함은 주위 사람들을 크게 감동시켰다.

그는 전공을 세우고 스페인으로 귀환하던 중 해적선의 습격을 받아 노예 생활도 했다. 그는 그런 환경에서도 절망하지 않고 끝없이 탈출을 시도하며 자신의 운명을 개척하려고 했다. 고국으로 돌아온 후 그는 16세기 서구사회를 휩쓸던 중세 기사들의 허황된 무협 연애담을 희화화하고 조롱하기 위해 '돈키호테'를 쓰기 시작했다.

셰익스피어와 세르반테스는 같은 시대를 살았다. 셰익스피어는 큰 고생을 하지 않았지만 비극적 작품을 많이 썼고, 세르반테스는 감옥생활과 노예생활을 하는 등 비극적 삶을 살았지만 낙천적인 작품을 많이 남겼다. 저돌적으로 행동하는 '돈키호테형' 인간과 사색적이고 우유부단한 '햄릿형' 인간은 러시아의 대문호 투르게네프의 두 작품 분석에서 유래되었다. 돈키호테는 철저한 이상주의자다. 그는 자신의 생명을 이상의 구현, 진리의 확립, 지상의 정의 실현을 위한 수단으로밖에 여기지 않는다. 그는 이웃과 형제를 위해 사는 자기희생의 화신이다. 그는 옳은 일이면 망설이지 않고 저돌적으로 행동한다.

반면에 햄릿은 에고이즘의 화신이다. 그에게는 확고한 이상이나 신념이 없다. 그는 자기 자신만을 위해 산다. 그는 현실 세계에서 어떤 삶의 의의도 찾지 못한다. 그는 끊임없이 자신을 질책하고 감시하며 어떤 일이든 쉽게 용단을 내리지 못하고 주저한다.

햄릿형 인간은 사색적이고 뛰어난 지각력과 통찰력을 가지지만 실천력의 결여로 세상에 기여하는 바가 적다고 투르게네프는 지적한다. 철없는 광인이라 할 수 있는 돈키호테형 인간은 목표 달성을 위해 최선을 다하며, 목표가 다소 허황하고 불분명한 경우에도 주저하지 않는다.

침잠과 행동, 보수와 진보 등은 이 세상을 떠받치는 핵심 기둥들이다. 그러나 젊은 날은 돈키호테적인 호기와 객기로 좌충우돌하며 부딪혀 넘어지고 깨어지면서 다양한 경험을 해야 한다. 우리는 너무 안전하고 확실한 것만 추구하며 당장의 이익을 확신할 수 없는 일이나 모험적인 새로운 일에는 선뜻 나서지 않는다. 젊은 날에는 맹목적인 열정과 광기에 사로잡혀보아야 창조적 능력과 역동적인 에너지가 생성된다. 우리는 너무 조심스럽고 소심하다. 세르반테스는 정규교육은 거의 받지 못했다. 그러나 그는 종이에 글만 적혀 있으면 길가의 휴지도 주워 읽는 독서광이었고, 행동하는 실천가였다. 우리 주변에는 햄릿형 애 어른이 너무 많다. 기발한 돈키호테가 많아야 세상은 바뀔 수 있다.

詩 암기와 창의력 배양

　　　　　중학교 2학년 때 미당 서정
주의 시를 처음 읽었다. '눈물 아롱 아롱/피리 불고 가신
님의 밟으신 길은…' 으로 시작해서 '그대 하늘 끝 호올로
가신 님아' 로 끝나는 '귀촉도' 가 너무 좋아 몇 번씩 반복
하여 읽으며 머리와 가슴 속에 그 시를 각인시키려 노력했
다. '눈이 부시게 푸르른 날은/그리운 사람을 그리워 하자
//저기 저기 저, 가을 꽃자리/초록이 지쳐 단풍 드는데…'
로 시작되는 '푸르른 날' 을 읽으면서 '초록이 지쳐 단풍
드는데' 구절에서는 숨이 턱 막히는 전율을 느꼈다. "단풍
은 가을에 기온과 습도가 내려가면서 엽록소가 파괴될 때

초록색 색소에 가려 보이지 않던 크산토필 등의 색소가 밖으로 보이기 시작하면서 나뭇잎이 노랗고 빨갛게 보이는 것"이라는 생물 선생님의 가르침과는 완전히 다른 표현이 너무나 신선하게 와닿았다. '초록이 지쳐 단풍이 든다.' 는 발상과 표현이 나를 충격에 빠뜨렸다.

나는 그 구절이 너무 좋아서 어떻게든 그 시구를 써먹으려고 애썼다. 봄날의 잎새는 연두, 여름날의 잎새는 초록, 가을날의 잎새는 빨갛고 노랗다. 나는 미당의 시구를 생각하며 '연두가 지치면 초록이 되고 초록이 지치면 단풍이 된다.' 로 생각을 확장했다. 여름 방학 때 친구에게 '연두가 지쳐서 초록이 되는 여름' 이라는 글을 써보내기도 했다. 훗날 알게 된 미당의 친일 경력은 나를 몹시 당황하게 했지만, 나는 미당의 시를 접한 이후로 좋은 시는 암기하려고 노력했다. 중고교 시절 국어 선생님 대부분은 교과서에 나오는 시는 무조건 암기하도록 지도하셨는데, 그때 암기한 시들은 정말로 소중한 정서적 자산이 되었다.

시는 메타포(metaphor), 즉 은유의 산물이다. 상상력은 메타포라는 필터를 통해 새로운 현실을 발견하고 창조한다. '내 마음은 호수' '시간은 돈' 과 같이 'A는 B' 라고 표현하는 수사법이 은유다. 레이코프 존슨은 '은유의 본질은 한 종류의 사물을 다른 사물의 관점에서 이해하고 경험하는 것' 이라고 규정한다. 인류는 은유를 통해 사물의 본질을 보다 구체적으로 이해하면서 그 의미를 확장할 수 있었다.

김용규씨는 『생각의 시대』에서 "은유는 첫 번째 생각의 도구다. 큰 강물도 하나의 샘에서 출발한다. 은유는 우리의 사고와 언어, 학문과 예술을 구성하는 원초적이고 근본적인 도구"라고 말한다. 그는 시를 읽고, 낭송하고, 외운다는 것은 단순히 감성적 취향을 고양시키는 일이 아니며 우리의 뇌 안에 은유를 창출하는 신경망을 새롭게 구축하는 작업이라고 말한다. 아리스토텔레스는 '천재의 표상'으로 '은유적 사고'를 지목했다.

이제 잡다한 지식을 많이 암기하는 것이 경쟁력인 시대는 지나갔다. 우리는 감성과 창의적 사고가 강력한 생존 수단이자 경쟁력인 시대를 살고 있다. 섬세한 감성과 창의력을 배양할 수 있는 최고의 방법은 시를 암기하는 것이다. 이 가을 온 가족이 밥상머리에 앉아 좋은 시 한두 편을 낭송하며 암기하도록 노력해보자. 시를 암기하면 삶이 근본적으로 달라질 수도 있다.

일탈과 탈주

'허클베리 핀의 모험에 나타난 마크 트웨인의 사회비평에 관해 논하라.'란 기말시험 문제를 보며 나는 잠시 생각에 잠겼다. 마크 트웨인은 그가 쓴 거의 모든 작품에서 인간의 위선을 풍자하고 자연의 위대함을 노래했다. 그는 무엇보다도 불의와 억압을 증오했다. '허클베리 핀의 모험'에서도 주인공 헉은 겉보기에는 태평스럽게 빈둥거리는 소년이지만, 실제로는 인간의 본성과 인간 사회를 날카롭게 꿰뚫어보는 관찰자 역할을 하고 있다.

그런 지식들을 정리하여 답안 작성을 하려고 하는데, 갑자기 중학교 1학년 때 학교 도서관에서 이 소설을 처음 읽을 때의 느낌이 너무도 생생하게 되살아났다. 나는 무엇에 홀린 것처럼 교수님이 낸 문제를 볼펜으로 죽죽 긋고는 '허클베리 핀의 모험에 나타난 나태의 미학' 이라고 내 멋대로 문제를 고치고 단숨에 시험지 앞뒤 장을 가득 채웠다. 영문과 대학생이 기말시험 답안지에 중학교 1학년의 시각에서 본 작품 평을 적어냈던 것이다.

중학생인 나는 소설이 담고 있는 사회 비평보다는 10 대 소년 헉과 나이 먹은 흑인 노예 짐의 '빈둥거림' 에 완전히 매료되었다. 그들에게 다가올 무수한 위험은 완전히 망각한 채, 거대한 강물의 흐름에 몸을 맡기고 뗏목에 누워 햇살을 받으며 게으르게 뒹구는 모습이 낙원처럼 느껴졌다. 나는 그들과 함께 표류하면서, 그 여정에 완전히 동화되었다. 짐과 헉이 옷을 벗어던질 때 나도 숙제, 시험 등 모든 의무와 지시를 다 던져버리곤 했다.

다양한 형태의 감시와 감독, 강요 등에서 완전히 해방된 정서적, 정신적 뗏목을 영원히 가질 수 있다면 얼마나 좋겠는가. 그러나 세속과 대조되는 그 뗏목도 잠재적으로는 항상 엄청난 위험을 품고 있다. 강은 자유의 교통로交通路이지만, 수시로 변하는 수위와 앞을 가리는 안개 등 예측 불허의 사납고 광폭한 힘을 가지고 있다. 하지만 나는 헉과 짐의 나태와 빈둥거림, 일탈과 탈주, 방랑과 모험이 너무 좋았다.

이 책은 무엇보다도 나쁜 소년 혁과 늙은 흑인 짐 사이의 우정을 다루고 있다. 이 작품의 배경은 1840년대이다. 남북전쟁(1861년) 이전 노예제는 신성불가침의 영역이었다. 도망친 노예를 돕는 것은 누군가의 재산을 탈취하는 짓이어서, 그런 행위를 한 사람은 지옥에 간다고 믿던 시대였다. 그러나 혁은 무수한 갈등을 겪으면서도 "그래 좋다. 나는 지옥으로 가겠다."라고 말하며 "무슨 수를 써서라도 짐을 노예 상태에서 벗어나게 할 것"이라고 다짐한다. 그들의 방랑과 모험은 단순한 객기나 일탈이 아니라 학교와 가족, 국가와 교회가 만들어 놓은 온갖 장벽을 뛰어넘는 자유의 여정이었던 것이다.

이 가을 다시 허클베리 핀의 모험을 읽어본다. 이 책을 처음 접했을 때의 감흥이 온전히 되살아나면서, 내 멋대로 문제를 고쳐 답을 썼는데도 좋은 점수를 준 교수님의 일탈도 헤아려 본다. 치기 어린 객기와 일탈이 간혹 허용되고, 그것을 너그럽게 받아주는 여유가 아쉬운 오늘이다.

입체적 상상력

이스라엘 히브리대학 교수인 유발 하라리는 그의 저서 『사피엔스』에서 호모 사피엔스는 신, 인권, 국가, 돈에 대한 집단 신화를 창조함으로써 지구의 정복자로 우뚝 서게 되었다는 점을 설득력 있게 서술했다. 최근작 『호모 데우스(신이 된 인간)』에서 그는 300년 전에 탄생해 초절정 상태에 있는 인본주의는 과학기술의 획기적 발전으로 브레이크도 없이 고삐가 풀렸다고 말하며, 이제 불멸·행복·신성神性이 인류의 중심 의제가 되었다고 주장한다. 그는 유기체는 알고리즘이라고 말한다. 알고리즘으로서의 호모 사피엔스는 데이터주의가 패러다임이 되는 세상에서는 주요 존재가 되지 못할 수도 있다. 신의 시대였던 중세를 르네상스 시대의 인간이 대체했듯이, 미래는 데이터에 대한 숭배가 휴머니즘을 대체할 것이라고 말한다.

지금은 우리 종의 역사에서 유일무이한 전환기에 해당된다는 점을 강조하며, 그는 "역사상 처음으로 너무 많이 먹어서 죽는 사람이 못 먹어서 죽는 사람보다 많고, 늙어서 죽는 사람이 전염병에 걸려 죽는 사람보다 많고, 자살하는 사람이 군인·테러범·범죄자의 손에 죽는 사람보다 많다."는 점을 지적한다. 그는 인간은 스스로를 신으로 업그레이드하는 중이라며 수십, 수백 년 내에 사피엔스는 멸종할 것이라고 예측한다. 인류는 영생을 포함해 초자연적인 능력을 가진 슈퍼맨, 즉 호모 데우스로 대체될 가능성이 높다는 게 그의 생각이다.

그는 자신의 책이 예측하는 전망이 유토피아든 디스토피아든 가상의 시나리오에 불과하다고 말하고 있지만, 내가 느낀 전체적인 분위기는 우울하다. 뿐만 아니라 아무리 과학기술이 발달해도 인간은 신이 될 수 없으며, 신이 되려고 발버둥칠수록 더욱 더 빅데이터의 노예로 전락할 가능성이 높다고 생각한다. 앞으로의 세계는 과학기술과 빅데이터의 노예로 사는 사람이 있고, 그것을 향유하고 즐길 수 있는 사람으로 나누어질 것이다.

내가 유발 하라리의 『사피엔스』와 『호모 데우스』를 읽으며 정말 놀란 것은 그가 인용하는 방대한 자료와 독서량이었다. 나는 하라리의 책을 읽으며 레오나르드 다빈치의 공부 방법을 떠올렸다. 다빈치는 '모나리자', '최후의 만찬' 같은 무수한 걸작을 남겼다. 그가 우리에게 물려준 진정으로 놀라운 유산이자 걸작은 그의 노트라고 할 수 있다. 그의 노트에는 요리법, 금전출납 내역, 편지, 단상, 예언, 발명 계획, 해부학, 식물학, 지질학, 헬리콥터에 해당하는 날틀의 설계도, 장갑차, 잠수함의 원형 설계도 등 이루 헤아릴 수 없는 것들이 기록돼 있다. 토니 부잔은 다빈치의 노트를 보고 영감을 얻어 '마인 맵' 기법을 개발했다. 다빈치는 줄을 맞춰 적는 선형적 노트 필기 대신 둥치와 줄기에서 가지를 치고 방사형으로 뻗어가는 입체적 메모를 좋아했다. 그는 독특한 메모를 통해 좌우뇌를 동시에 활용하는 전뇌적 사고를 할 수 있었다. 하라리의 저서를 읽으며 창의력과 입체적인 상상력이 미래 생존 수단임을 절감하며, 우리의 교수·학습법을 다시 생각해 본다.

인간에 대한 오해

　"중2 때 수학시험을 망친 적
이 있습니다. 늘 90점 이상 받았는데 어느 날 70점을 받았
습니다. 엄마와 수학 성적 때문에 이야기를 하고 있을 때,
고모가 오셨습니다. 고모는 잠시 이야기를 듣다가 엄마에
게 말했습니다. '너무 야단치지 말아요. 오빠와 나, 막내
모두 수학을 못했어요. 집안 내력이니 어쩌겠어요.' 그때
부터 수학이 너무 하기 싫었습니다. 아무리 열심히 공부해
도 수학은 잘 할 수 없다는 생각을 하며 문제를 풀어야 하
는 고통을 누가 알겠습니까?" 수학 때문에 입시에 실패한
학생의 말이다.

"관상을 보면 공부를 잘하게 생겼고, 귀티가 난다. 집이 그렇게 가난한데 그런 꿈을 꾸다니 안타깝다. 자기 분수를 알아야지. 엄마, 아빠가 다 전문직 종사자니 바탕이 달라. 공부를 잘할 수밖에. 여자는 남자보다 원래 수학을 못하는 게 확실히 맞아. 등등." 대부분 사람들은 학창 시절 선생님이나 어른들의 이런 이야기를 우연히 엿듣게 된 경험이 있다. 가난하기 때문에, 부모님이 많이 배우지 못해, 관상이 안 좋아서, 예쁘지 않아서 등의 말 때문에 상처를 받았던 씁쓸한 기억이 있을 것이다. 재능이나 지능, 부자가 될 가능성 등이 전적으로 타고나는 것이라면 모든 학생이 밤새워 책을 읽고 공부할 필요가 없다. 그런 특혜를 타고난 학생들만 공부를 해야 한다. 그렇지 못한 학생들은 용써도 소용이 없기 때문이다.

골상학이나 우생학과 같은 생물학적 결정론은 인종주의, 특히 백인 우월주의를 뒷받침하기 위해 만들어진 논리였다. 이것은 서구 식민주의를 정당화하는 논리적 근거로 이용되었을 뿐만 아니라 비서구 식민지인과 유대인, 동성애자와 같은 사회적 소수자, 약자를 체계적으로 억압하는 데 악용되었다. 유전자 결정론에 따른 사회생물학과 진화생물학에 반대하며 인종차별 철폐에 앞장섰던 스티븐 제이 굴드는 『인간에 대한 오해』에서 "노예제도, 식민주의, 인종차별, 계급구조, 성 역할에 관한 주장들이 과학이란 깃발 아래에서 전개되었다."고 주장하며 생물학적 결정론을 비판했다.

노예를 부렸던 18세기까지만 해도 인종 서열화는 과학이 보증하는 든든한 이론을 가지고 있었다. 과학자들은 백인종의 우월성을 증명하는 물증으로 '두개계측학'을 탄생시켰다. 머리 골상의 크기는 곧 뇌의 크기를 말한다. 뇌의 질량이 크면 사고력이 높다는 논리였다. 이 논리에 따라 그들은 맨 앞에 코카서스(유럽 백인)인종, 그다음에 말레이인종, 몽골인종, 맨 아래는 인디언과 아프리카 흑인을 위치시켰다.

'타고난 재능이나 IQ도 무시할 수 없고 중요하다.'는 말은 맞다. 문제는 '무시할 수 없고 중요하다.'는 말과 '그것이 모든 것을 다 결정한다.'는 말은 완전히 다른 의미라는 것이다. 유전자가 동일한 일란성 쌍둥이도 환경을 다르게 하면 전혀 다른 인간으로 성장한다. 본인의 의지와 상관없는 것으로 사람을 평가하고 차별해서는 안 된다. 인간은 가능성의 총체다. 우리는 간절히 소망하고 꿈꾸며 꾸준히 노력하면 바라는 목표에 다가갈 수 있다는 확고한 믿음을 이야기해야 한다.

광신과 맹목에서 벗어나려면

　　　　　　초등학교 시절, 우리 동네 스무세 살의 꽃다운 처녀가 신장질환으로 죽었다. 온 동네 사람들이 안타까워하며 눈물을 흘렸다. 그 일이 있고 얼마 후 몇몇 사람들이 밤길을 가다가 그 처녀 집 근처에 있는 탱자나무 울타리로 들어가 얼굴이 긁히고 상처를 입었다. 다친 사람들은 처녀가 불러서 가시덤불로 들어갔다고 했다. 처녀 어머니가 무속인을 찾아갔다. 무당은 딸이 다른 마을의 총각 귀신과 결혼을 시켜달라고 그러는 것이라고 했다.

　나는 그 영혼결혼식을 잊을 수 없다. 전통혼례를 실제처럼 치르는 동안 마을 아낙들은 치마로 눈물을 훔치며 저세상에서 두 영혼이 잘 살기를 빌었다. 우리 조무래기들은 그 분위기가 너무 숙연하고 슬퍼서 그냥 어른들을 따라 울었다. 그날 우리는 소고기국밥과 과일 등을 배불리 먹었다. 산 자가 딸의 죽음을 받아들이고, 남은 삶을 살아가기 위해 치른 그 의식은 분명히 긍정적인 측면이 있었다. 무속신앙은 그 정도에서 그쳐야 한다.

'세종실록'에 "지금의 세속은 구습을 따라 무격의 요사하고 허탕한 말에 미혹되어 이를 높이고 신앙하니, 어떤 때는 집에서, 어떤 때는 들에서 음사를 행하지 않는 곳이 없다."는 기록이 있고, '성종실록'에도 "요새 사람들은 다투어서 귀신을 믿는다. 범사의 길흉화복을 한 번은 무당에게 들어본다."라는 기록이 있다. 무속은 외래 종교가 들어오기 전 아득한 상고시대부터 한민족의 종교적 주류를 형성했고, 외래 종교가 들어 온 뒤로도 민간신앙으로 한민족의 기층적 종교현상으로 전승되어 왔다.

한국 기층문화는 무속의 품 안에서 보존되어 왔다. 김상환 교수는 수천 년에 걸친 한국 대중문화의 역사적 유래와 이념적 기원은 무속적 상상력에 있다고 말했다. 한류 열풍도 한국인의 무속적 기질에서 찾아야 한다고 했다. 그는 무속적 상상력의 특징은 충동과 즉흥성에 있고, 여기서는 형식적 균형을 깨는 파격, 비대칭을 낳는 역동적 흐름이 관건이라고 했다. 무질서의 질서, 비형식의 형식이라는 특징을 가지는 무속적 역동성은 춤과 노래 등 예술분야에 발랄한 상상력과 창조의 에너지를 제공하여 한류의 활성화에 기여했다. 그러나 무속적 사고는 개인과 집단을 비합리적 충동과 광신적 맹목에 빠뜨릴 수 있는 위험성을 내포하고 있다.

우리는 혹세무민으로 돈벌이에 집착하는 사악한 무속신앙과 사이비 종교를 번창하게 하는 비옥한 토양을 가지고 있다. 패자부활전이 없는 폐쇄된 사회에서 탈락한 대책 없는 사람들, 취직과 결혼·출산을 포기한 젊은이들, 고용불안 속에서 비전 없이 살아가는 직장인들, 절대 권력과 엄청난 부를 가지고 있으면서도 아무도 믿을 수 없는 사람들, 이들 모두는 알게 모르게 열심히 무속인을 찾고 있다. 우리 사회 모든 분야에서 힘을 발휘하고 있는 광신과 맹목을 이성과 합리로 끌어올리기 위해서는, 모든 일에서 불확실성을 줄이고, 절차의 투명성과 예측 가능성을 높여야 한다.

왜 좋은 책을 읽어야 하나

　　"아이가 만화책이나 휴대폰에만 관심을 가지고 있어 걱정입니다. 부모 세대들이 그 나이에 읽었던 고전 명작을 권하면 재미없다며 금방 싫증을 냅니다. 왜 수준 높은 책을 읽어야 하는지를 설득하기가 어렵습니다. 책을 읽으면 어떤 점이 좋아지는가를 설명해주기도 어렵습니다." 중2 여학생 엄마가 보낸 카톡 글이다.

　대부분 부모는 아이가 어떤 책을 읽으면 머리가 좋아지고, 공부를 잘하며, 궁극적으로 성공할 수 있을 것인가 등에 관심을 가진다. 한국교육개발원이 상위 10% 안에 드는 학생들은 책과 신문을 즐겨본다는 학습실태 설문조사 결과를 발표한 적이 있다. 몇 해 전 리버풀대학교 연구진이 셰익스피어, 초서, 워즈워스 같은 위대한 작가의 작품 가운데 다소 모호하고 어려운 구절을 읽는 사람들의 두뇌활동이 극적으로 증가하는 것을 두뇌 촬영으로 확인했다고 보도했다. 뇌에 자극을 주는 책이 일반적으로 좋은 책이다. 조각그림 맞추기를 할 때 너무 쉽게 맞출 수 있으면 금방 지루해지지만, 쉽게 맞출 수 없을 때 우리는 더욱 적극적으로 매달리게 된다. 이는 두뇌가 흥분해서 일어나는 현상이다. 셰익스피어는 평범한 문장에 이상한 단어를 집어넣어 의도적으로 '뇌 놀라게 하기'를 시도했다고 한다.

"우리를 물어뜯고 확 찌르는 그런 책만 읽어야 한다. 우리가 읽는 책이 두개골을 쳐서 깨우지 않는다면 도대체 무엇 때문에 읽는가? 우리를 행복하게 해주기 때문에 책을 읽는다고? 맙소사, 책이 없더라도 우리는 행복해질 수 있지 않나? 우리를 행복하게 만들어 주는 책은 누구나 쓸 수 있지 않나? 우리가 필요로 하는 책은 우리를 아주 고통스럽게 하는 불행처럼 우리에게 영향을 주는 책이다. 마치 자신보다 더 사랑하는 사람의 죽음처럼, 마치 우리가 모든 사람으로부터 내쫓겨 멀리 숲으로 추방된 것처럼, 마치 자살과 같은 불행처럼 우리를 고통스럽게 하는 책 말일

세. 책은 우리 내면의 얼어붙은 바다를 깨는 도끼여야 된다네." 프란츠 카프카의 말이다.

영국국립독서재단이 행복감은 독서 능력과 상관관계가 높다는 보고서를 발표한 적이 있다. 읽기 능력이 좋지 않은 남성들은 50% 정도가 행복하다고 답했다. 반면 독서에 능한 남성 중 행복감이 높다는 사람은 78%나 되었다. 또한 이 조사는 책 읽기 능력을 갖추고 독서를 즐기는 사람은 남녀를 불문하고 이성 관계에 능하며 안정적인 가정생활을 유지한다고 했다. 제대로 된 독서 능력을 가지면 멋진 사람을 만나 연애에 성공할 가능성이 훨씬 높아진다는 말이다.

영상매체가 활자매체보다 시청각적으로 생동감 있게 느껴지는 것은 사실이다. 그러나 휴대폰이나 TV같은 영상매체에 너무 깊게 빠지면 수동적인 사람으로 퇴화될 위험성이 높다. 영상매체에 길들여지면 상상력이 고갈되고 창의력이 급격히 저하된다고 학자들은 지적한다. 쉽고 재미있는 책만 읽으며 지나치게 휴대폰에 빠져 있는 학생과 이런 점을 걱정하는 부모가 위에 언급된 내용을 함께 되새겨 보면 좋겠다.

참 어른이 그리운 시대

엄마는 집안일로 눈코 뜰 새 없이 바쁜데 아이가 계속 뛰어다니며 주변을 어질러 놓는다. 엄마가 정리하라고 주의를 주었는데도 결국 탁자 위 화분을 깨뜨리고 만다. 화가 난 엄마가 거실 밖 베란다로 아이를 쫓아내고 안으로 들어오는 문을 잠가버린다. 추운 날씨에 내복 바람으로 서 있으면서도 아이는 잘못했다고 빌지 않는다. 할머니가 용서를 빌라 해도 아이는 꼼짝도 하지 않는다. 30분쯤 지난 후 할머니는 "어미야, 얘가 잘못했다 하네. 다음부터는 안 그러겠단다."라고 외치고는 아이를 데리고 들어와 따뜻한 담요로 감싸 안고 과자나 곳감을 준다. 조부모와 같이 사는 집에서는 실제로 이런 일이 자주 일어난다.

엄마는 할머니 말에 수긍하는 척하며 눈 감아 주고, 아이도 인내의 한계 지점에서 할머니 덕분에 위기를 모면하게 된다. 그러는 과정에서 엄마는 화를 누그러뜨리고, 아이는 속으로 반성하는 시간을 가진다. 한참 후 할머니 품에서 나온 아이가 엄마에게 다가가서 잘못했다고 빌면 엄마도 아이를 꼭 안아준다. 고집이 세고 자기주장이 뚜렷하여 쉽게 자신의 잘못을 인정하지 않는 아이들이 있다. 이런 성향을 가진 아이들은 가벼운 꾸중 정도로 넘어갈 수 있는 작은 잘못으로 큰 벌을 받기도 한다. 집안에 아이의 고집과 엄마의 순간적인 분노 사이를 중재해 줄 할머니 같은 중간 조정자가 있으면 좋다.

예전에는 한 동네 안에 다양한 어른들이 있었다. 조부모 급의 큰 어른, 아버지와 삼촌 급의 중간 어른, 형 누나 또래의 가장 엄한 감시자 겸 충고자 그룹이 있었다. 행동거지가 바르지 못하면 본 바가 없는 자, 위아래를 모르는 자로 비난받았다. 심지어 자기 집 골목을 제대로 쓸지 않거나, 자기 논밭의 잡초를 제때 제거하지 않아도 게으른 자로 비난받았고, 나쁜 낙인이 찍히는 것을 집안의 수치로 여겼다.

세상살이가 힘들고 어려울 때 참고 견디면 더 좋은 날이

올 것이라며 애정 어린 눈빛으로 어깨를 툭 쳐줄 수 있는 어른이 그립다. 아쉽게도 우리 주변에는 지혜롭게 꾸짖고 야단치고 격려해 주는 참 어른을 찾아보기 어렵다. 누구도 선뜻 나서려 하지 않는다. 지하철에서 지나치게 떠드는 두 젊은이를 향해 옆에 있던 노인이 조용하라고 야단을 쳤다. 한 명은 가만히 있는데 다른 한 명은 죄송하다는 말 대신 왜 고함을 지르느냐며 대들었다. 옆에 있던 다른 어른이 '어른이 참으세요' 라고 말하는 장면을 현장에서 목격한 적이 있다. 대드는 젊은이가 더 나쁘지만 다짜고짜 목청을 높이는 노인에게도 아쉬운 점이 있었다.

젊은이들의 무례와 불손함을 깨우쳐 주기 위해 그들의 눈높이와 감성에 맞게 충고해 주려고 노력하는 어른, 연장자들의 충고와 조언, 지혜와 경험을 진지하게 받아들이려고 애쓰는 젊은이들이 많아질 때 그 사회의 행복지수는 높아진다. 이 모든 문제에 대한 일차적인 책임은 어른에게 있다. 동서고금을 막론하고 '어른 말 고분고분 잘 듣는 아이 없고, 어른이 하는 대로 따라 하지 않는 아이 없다.' 는 말을 우리 모두 곰곰이 생각해 보아야 한다.

두 엄마 이야기

"큰 아이가 중학교에 들어가면서 강남으로 이사했습니다. 요즘 대치동 엄마들과 어울려 산다는 게 어떤 것인지를 실감하고 있습니다. 과고와 외고를 비롯하여 유명 특목고, 자사고에 가는 아이들은 초등 6학년 때까지 고1 과정 수학을 끝내야 합니다. 영어 유치원을 거쳐 초등 시절에 해리포터 영어 원문 정도는 읽을 수 있어야 하고, 논술과 철학까지 공부해야 합니다. 엄마는 아이들이 학교나 학원에 있는 시간에 만나 차를 마시고 정보도 교환하면 되지만, 아이들끼리 그룹을 지어 뭘 하려고 하면 시간 맞추기가 너무 힘듭니다. 최근 아이들끼리 밤 10시 30분에 만나 무엇을 하려고 했는데, 한 명이 도저히 시간을 낼 수 없어 자정 넘어 모인 일까지 있습니다. 대치, 도곡, 서초동 등 강남 아파트에 사는 사람들은 앰뷸런스 소리가 날 때마다 '오늘은 또 어느 집에서 무슨 사고가 일어났나' 하며 가슴을 쓸어내립니다." 서울 대치동으로 이사 간 어느 엄마의 이야기다.

"TV, 컴퓨터, 장난감이 없어도 아이들은 너무 좋아합니다. 학원에 안 가도 되니 아이들 표정이 완전히 달라졌어요. 한나절 내내 걷기도 하고, 해질 때까지 하늘과 바다를 실컷 보며 모래사장에서 노는 것이 너무 재미있어요. 돌아오는 길에는 버스를 기다리며 하염없이 노을을 바라보기도 합니다. 많이 돌아다니고 나면 그 다음 날은 늦잠을 자고 뒹굴다가 간단하게 먹고는 도서관으로 갑니다. 아이들은 단숨에 2권 정도는 읽습니다. 그 다음 날은 '그림 같이 아름다운 오름을 오르거나 올레길을 걷고, 미술관에서 한나절을 보내기도 합니다. 스쳐 지나가며 사진이나 찍는 관광객으로서가 아니고 느리게 걷고, 느리게 행동하고, 느리게 생각하며 아이들과 함께 여유롭게 보내는 시간이 너무 행복합니다. 어제는 애들 아빠가 휴가를 내어 제주에 합류한 기념으로 흑돼지고기를 먹으러 갔는데, 예산보다 너무 많이 먹어 사흘은 좀 아껴 살아야 할 것 같습니다. 꿈 같은 시간이 너무 행복합니다." 한 달 동안 제주살이를 하고 있는 질녀가 카톡으로 보내온 글이다.

부모님 세대는 수학, 과학 문제를 많이, 빨리, 정확하게 풀고, 모든 교과 내용을 많이 암기하는 학생이 명문대를 가고 좋은 직장을 구했다. 그러나 지금은 복잡하고 어려운 문제는 컴퓨터가 해결해 주고, 잡다한 정보는 암기하지 않아도 검색하면 언제라도 찾아볼 수 있다. 기본적인 계산 능력과 암기력 등은 앞으로도 여전히 중요하겠지만, 이제는 타인에 대한 배려와 협동심, 예민한 감수성, 서로 관련이 없어 보이는 이질적인 정보를 연결하고 엮어 새로운 것을 만들어낼 수 있는 창의력이 생존을 위한 경쟁력이 되는 시대다.

"네 계좌로 돈 조금 보냈다. 아이들에게 흑돼지고기 한두 번 더 사주어라. 이 시간들이 너나 아이들에게 최고의 순간으로 기억될 것이다. 너 참 잘 산다."

질녀에게 카톡으로 몇 줄 적어 보내고, 이어서 루소의 말도 한 마디 더 보냈다. "자연을 보라, 자연이 가리키는 길을 따라가라. 자연은 쉼 없이 아이를 단련시킨다."

시인의 마음

감나무는 시골과 도시 주택
가에서 흔하게 볼 수 있는 나무다. 감나무는 궁금증이 많
아 가지를 담장 너머로 뻗길 좋아한다. 골목길에 고개를
내밀고 있는 가지들은 정신없이 걸어가는 도시 사람들에
게 계절의 변화를 감지하게 해 준다. 5월의 감꽃은 고향
뒷산 뻐꾸기 울음소리와 유년의 나른한 봄날을 떠오르게
한다. 입동 무렵 앙상한 가지에 주렁주렁 매달려 있는 빨
간 감들은 깊어가는 가을과 다가오는 겨울을 동시에 느끼
게 해 준다. 지금도 홍시나 삭힌 감을 먹으면 고향 친구들
이 생각나고, 감 따다가 떨어져 다친 허리 때문에 세상을

떠난 동네 어른이 생각난다.

　재작년에 둘째 형님께서 감나무 묘목을 한 그루 가져와서 막냇동생 집 마당에 직접 심어주셨다. 겨울이 다가오자 어린 나무가 얼지 않도록 볏짚으로 잔가지까지 야무지게 감싸주셨다. 지난해에는 감꽃이 피었고, 두 개는 비바람을 잘 이기고 마지막까지 남아 보기 좋게 익었다. 처음 달린 감을 까치밥으로 주기로 결정하고 그냥 두었다. 섣달이 지나고 정월이 되자 까치와 다른 새들이 찾아와서 서로 사이좋게 나누어 먹었다.

　올해는 해거리를 하는지 꽃은 피었지만 마지막까지 남은 감이 하나도 없었다. 형님께서는 감나무를 찬찬히 살펴보더니 금년에는 나무가 자라고 내년에는 제법 열리겠다고 하셨다. 다음 해를 기약하며 마음을 달랠 수밖에 없었지만, 가을이 깊어가면서 잘 익은 이웃집 감들을 보면 마음 한구석이 아쉽고 허전했다.

　지난 토요일 아침 일찍 형님이 오셨다. 실내로 들어올 생각은 않고 마당에 쪼그리고 앉아 지고 온 배낭을 열면서 "감 달아주러 왔다."고 하셨다. 무슨 말인지 얼른 알아듣지 못하는 동생에게 감 세 개를 꺼내 보여주며 씩 웃으셨다. 감꼭지가 아직 가지에 붙어 있었다. 형님은 가지고 온 갈색 실로 감 가지를 우리 집 감나무에 챙챙 감아 매달았다. 두 발자국 정도만 떨어져도 실은 보이지 않아 진짜로

감이 달려 있는 것처럼 보였다. "홍시가 될 때까지 실컷 보고 삼동에 새들이 먹도록 그냥 내버려 둬라."고 하셨다. 감이 열리지 않아 아쉬워하는 동생을 위해 감을 달아 줄 생각을 한 형님의 발상이 너무 놀라웠다. 나는 사진을 찍어 아이들과 친구들에게 보냈다. 형님은 올해 팔순이시다.

엄원태 시인은 카톡에 올린 사진과 사연을 보고 "아, 정말 멋쟁이!"라는 답을 보냈다. 저녁에 송재학, 장옥관 시인을 만나 사진을 보여주며 이야기를 하니, 두 시인은 이구동성으로 "형님이 진짜 시인이시네."라며 감탄했다. 마음에 드는 시 한 편을 쓰기란 정말 어렵다. 시를 쓰는 것보다 더욱 어려운 일은 유년의 순수하고 천진난만한 동심과 시심을 평생 유지하며 사는 것이다. 저녁에 집에 들어와서 형님께 전화를 드렸다. "형님, 감 달아 주셔서 정말 고맙습니다. 운동 열심히 하시고 늘 건강하셔야 합니다." "너도 적은 나이 아니니 무리하지 말고 밥 잘 챙겨 먹어라." 갑자기 눈물이 핑 돌았다.

그 섬에 가고 싶다

섬은 사면이 물로 둘러싸인 육지다. 섬다운 섬은 바다 한가운데 있는 것이지만, 마을 앞을 흐르는 강에도 조그마한 섬이 있었다. 나는 친구들과 그 작은 섬으로 헤엄쳐 건너가서 여름 한나절을 신나게 놀다 오곤 했다. 그 섬은 사방에 두 길 넘는 깊이의 물이 흐르니 누구도 쉽게 다가올 수 없고, 우리가 무슨 짓을 해도 아무도 방해할 수 없기 때문에, 그곳에서는 완전한 해방감을 느꼈다.

바닷물이나 강물로 둘러싸인 땅을 섬이라 부르는데, 나는 땅으로 둘러싸인 호수도 일종의 섬이라고 생각했다. 물

속에 떠 있는 섬이 야생동물과 악동들의 천국이라면, 육지의 섬인 호수는 나로 하여금 사람들로부터 떨어져 혼자 꿈꾸고 상상하게 해 주는 영혼의 해방구였다. 초·중학교 시절에는 강에 있는 섬에서 친구들과 노는 것을 좋아했다. 고등학교에 진학한 이후로는 홀로 마을 뒷산에 있는 호수를 찾는 것이 더 좋았다. 나 자신과 대화하며 끝없이 생각에 잠기곤 하던 그곳, 나는 지금도 그 섬에 가는 꿈을 꾼다.

휴일 아침, 물이 가득한 봄 호수에서 피어오르는 새벽안개를 바라보는 것은 정말 좋았다. 여름 한낮 호숫가에 누워 뭉게구름이 만들어 내는 다양한 형상을 바라보다가 점심을 굶은 적도 여러 번 있었다. 깊어가는 가을에는 물비늘이 은빛으로 반짝이는 수면을 바라보며 따사로운 햇볕을 쬐는 것이 좋았다. 한겨울 꽁꽁 얼어붙은 호수 위로 지나갈 때, 얼음이 징징대며 우는 소리는 두려움과 함께 대단한 모험을 감행한다는 스릴을 느끼게 해 주었다.

주기적으로 가뭄이 찾아와 못 바닥이 거북 등처럼 쩍쩍 갈라질 때면 조금 남은 물에 몰려있는 고기들이 말라 죽기 전에 비가 내리기를 간절히 기도하곤 했다. 드디어 비가 쏟아지는 날은 우산도 없이 호수로 뛰어나갔다. 친구의 참외밭 원두막에 앉아 사카린 물에 미숫가루를 타 먹으며, 저수지로 쏟아지는 장대비를 바라보는 것은 세상 어떤 구경보다 좋았다. 여러 날 비가 오고 나면 호수는 누런 흙탕물로 가득 찼다. 여름 장마철의 호수는 모든 골짜기로부터 물을 받아들였다. 흙탕물은 시간과 더불어 정화되어 가을이 오면 수정같이 맑아졌다. 그때 수로를 통해 흘러나오는 물은 장마철의 그 흙탕물이 아니었다. 그 호수만이 가지는 빛과 향을 간직하고 있었다.

　젊은 날의 독서는 호수가 장마철에 물을 채우는 것과 같아야 한다는 생각을 하게 된 것도 그 무렵이다. 여름날의 호수가 이 골짝, 저 골짝 물을 모두 받아들여 일단 자신을 가득 채우듯이, 젊은 날에는 이것저것 가리지 말고 무엇이든 많이 읽어 머리와 가슴에 다양한 내용물이 가득 넘치게 해야 한다. 세월과 더불어 그 내용물은 자기만의 색깔과 개성을 가진 삶의 지혜로 바뀌게 된다. 우리 모두에겐 완전한 해방감을 만끽하며 즐겁게 뛰놀고, 홀로 여유롭게 산책하며 조용히 사색에 잠기면서, 몸과 마음의 성장에 필요한 자양분을 스스로 만들어 내게 해 주는 작은 섬이나 호수가 필요하다. 나는 아직도 그 섬들을 가슴에 품고 산다.

사투리

나는 9남매 막내였고, 어머니는 낫 놓고 기역자도 모르는 문맹이었다. 결혼 후에는 맞벌이 부부로 살았기 때문에 어머니가 주로 아이들을 건사했다.

두 아이는 초등학교에 입학한 후 얼마 동안 학교생활을 엄청 힘들어 했다. 할머니와 함께 생활하며 몸에 밴 사투리 때문이었다. 아이들은 교사의 말을 완전히 알아듣지 못했을 뿐만 아니라, 급우들에게 놀림을 당했고 받아쓰기도 많이 틀렸다. 우리 식구 모두는 '더워'는 '더버'로, '추워'는 '추버'로 발음하는 등 '순경음 ㅂ'을 자연스럽게 구사하고 있었다. '김치'는 '짐치'로 '기름'은 '지름'으로 '길'은 '질'로 발음하는 경구개음화 현상도 우리 집에서는 일상적인 것으로 유지되고 있었다. 아이들은 '무'하면 모르고 '무시'라고 해야 알아들을 정도로 표준말을 잘 몰랐다.

아이들은 초등 4학년쯤에 가서야, 사투리와 표준말을 거의 동시에 이해할 수 있게 되었다. 나는 그 무렵 아이에게 알아듣게 일러 주었다. "할머니는 우리 집 무형문화재 1호다. 할머니가 살아계실 동안 할머니가 구사하는 사투리를 온전히 전수해야 한다. 할머니는 문맹이어서 문자를 통해 사투리를 표준말로 교정할 기회가 없었기 때문에, 우리 지역 사투리를 거의 완벽하게 구사하는 분이란다. 훗날 할머니에게서 배운 사투리는 너희들에게 귀중한 유산이 될 것이다." 지금도 할머니 제삿날에는 아이들이 할머니의 어투와 사투리를 흉내 내며 할머니를 추억한다.

옥스퍼드대학의 S. 로메인 교수는 세계언어학자대회에서 "인간은 모국어를 사용할 때 가장 창의적으로 사고할 수 있고, 그렇기 때문에 소수민족의 언어는 보호되어야 한다. 세계 언어의 유지는 인간이 발휘할 수 있는 창의력과 문화를 보존하기 위해 필요하며, 한 지역의 경제적·문화적 복리 증진의 관점에서도 언어의 다양성은 중시되어야 한다"고 했다. 생물 다양성의 감소가 인간의 생존 기반 자체를 위협하듯이, 언어 다양성의 감소는 인류 전체의 창의성과 상상력의 빈곤 원인으로 작용할 수 있다는 것이다.

지금은 교통 통신의 발달로 지역 간 교류가 활발해지고, TV나 라디오를 상시적으로 접하기 때문에 표준어를 거의 이해하고 또 불편 없이 사용한다. 문제는 사투리가 급속하게 사라진다는 것이다. 사투리가 사라지고 사투리를 자연스럽게 구사할 수 없다는 것은 한 나라 안에서 문화 다양성이 감소한다는 측면에서 우려할 만하다. 과학에서든 문학에서든 최초의 창조적 영감과 직관은 대개의 경우 모국어를 통해 이루어진다. 사투리도 같은 맥락에서 이해해야 한다. 그 지역만의 독특하고 섬세한 문화적, 정서적, 심리적 감각은 그 지역의 고유한 언어를 통해 가장 잘 표현될 수 있다. 지역 사투리의 보존과 활용을 창의력과 상상력, 지방화 시대의 지역 경쟁력 문제로 접근할 필요가 있다.

제대로 정확하게

　　　　　　　　　　　"우리 아이는 천성이 느립니
다. 갑치거나 급하게 밀어붙이면 주저앉아 버립니다. 무엇
이든지 확실하게 안다고 생각해야 다음으로 넘어갑니다.
고등학교에 입학하고 열흘밖에 안 지났는데 아이가 너무
힘들어합니다. 특히 수학 시간에 급우들은 이미 다 배우고
왔는데 혼자 모르는 것 같아 너무 힘이 든다고 합니다. 선
생님도 설명을 빨리 하기 때문에 생각하며 따라갈 수가 없
다고 합니다. 지금이라도 과외를 시켜 미리 진도를 나가면
좀 나아질까요?" 엄마는 눈물을 뚝뚝 흘리며 도와 달라고
했다. 학생이 수학을 싫어하지 않고 좋아하기 때문에 더

안타깝다고 했다. 나는 특별 과외 등으로 진도를 먼저 나갈 생각하지 말고, 철저하게 이해하고 넘어가는 아이의 학습 태도를 칭찬해주라고 했다. 이 방식으로 공부하면 마지막에는 먼저 배운 아이들보다 더 잘할 것이라는 확신을 심어주라고 말하며 이런저런 이야기를 나누었다.

도로는 목표 지점까지 가는 데 걸리는 시간을 최대한 단축시키는 것을 이상으로 삼는다. 도로의 이상을 구체적으로 구현해 주는 대표적 수단이 포장도로와 터널이다. 반면에 길은 직선과 곡선, 오르막과 내리막, 우회를 중시한다. 길은 직선과 내리막 구간에서는 속도를 허용하지만, 곡선과 오르막 구간에서는 천천히 음미하고 다지며 깊이 생각하는 마음의 여유를 준다. 앞이 가로막히면 뚫기보다는 무리하지 말고 시간이 걸리더라도 둘러 가게 한다. 고속도로를 쏜살같이 달려온 사람의 머리와 가슴에는 속도감이 주는 쾌감은 있을지 모르지만 주변 풍경은 제대로 느끼지 못한다. 국도를 천천히 지나온 운전자에게는 산과 들, 숲과 나무, 개울과 강이 주는 아름다운 풍경이 망막과 가슴에 남는다.

공부도 마찬가지다. 빨리 배우면 빨리 잊어버린다. 수학 문제를 풀 때 잠시 생각하다가 답이 안 나온다고 해설지를 보고 고개를 끄덕이고 넘어가면 진도는 빨리 나갈 수 있겠지만 실력은 크게 늘지 않는다. 잠시 생각해서 풀리지 않는다고 바로 답을 보지 않는 것이 좋다. 표시를 해 두고 그 다음 날 다시 풀어보라. 신기할 정도로 해결의 실마리가 섬광처럼 떠오르는 경우가 있다. 한 문제를 오래 생각하는 그 과정에서 상상력, 추리력, 지구력, 도전정신 등이 길러지는 것이다. 우리는 이 과정을 너무 무시하거나 등한시하고 있다. 과정에 충실하면 최종적으로 좋은 결과를 얻을 수 있다. 천천히 기본기를 잘 닦은 학생이 정말 필요한 순간에 남보다 더 빨리 속도를 낼 수 있다.

상담을 진행하면서 밀란 쿤데라의 『느림』에 나오는 한 대목이 떠올랐다. "어찌하여 느림의 즐거움은 사라져버렸는가? 아, 어디에 있는가, 옛날의 그 한량들은? 민요들 속의 그 게으른 주인공들, 이 방앗간 저 방앗간을 어슬렁거리며 총총한 별 아래 잠자던 그 방랑객들은? 시골길, 초원, 숲 속의 빈터, 자연과 더불어 사라져버렸는가?" 느림의 가치와 효용성을 인정하지 않는 속도는 진정한 속도가 아니다. 느림을 확보하지 못한 속도는 허망하다. '빨리 많이 보다는 제대로 정확하게' 공부하는 습관이 성공의 열쇠다.

독서와 사교육비

국어는 수능시험에서 수험 생들이 가장 어려워하는 과목 중 하나다. 국어는 어릴 때부터 축적된 기초가 있어야 고득점 할 수 있는 과목이다. 문제집 한두 권 풀고, 학원 몇 달 다닌다고 실력이 향상되지 않기 때문에 정말 골치 아픈 과목이다. 국어 문제 중에서도 독서 영역, 다시 말해 비문학 지문은 모두가 어려워한다. 인문계 학생은 과학, 기술 관련 지문에 자연계 학생은 윤리, 사회, 철학 지문에 힘을 못 쓴다. 인문계열 학생은 과학을 공부하지 않고, 자연계열 학생은 사회를 공부하지 않기 때문이다.

사회, 과학도 제대로 공부한다고 할 수 없다. 인문계는 국사를 제외한 사회 9과목 중에 2과목, 자연계는 물·화·생·지Ⅰ, Ⅱ 8과목 중 2과목만 공부하면 된다. 사정이 이러하다 보니 물리 공부 안 한 학생이 기계 공학과에 가고, 화학 공부 안 한 학생이 화공과에 가기도 한다. 부모님 세대는 계열에 상관없이 국·수·영, 사회과학 전 과목에다 공업, 기술, 가정, 제2외국어까지 필수로 공부해야 했다. 이 세대 사람들은 신문이나 잡지를 읽을 때 자신의 전공과 관련이 없는 문장을 접해도 그 내용을 대충은 이해한다.

공부가 재미없고 어려운 이유는 내용을 이해할 수 없기 때문이다. 이해가 안 되면 어떤 수업 시간도 지옥이다. 그렇다면 이해가 안 되는 이유를 찾아보아야 한다. 배우는 내용을 이해하는 데 필요한 예비지식이 없으면 설명을 들어도 무슨 말인지 모른다. 바탕 지식이 없으니 선생님 이야기는 구름 위를 떠돌 수밖에 없다. 배경 지식과 예비지식은 왜 부족한가. 성장기 각 연령대에 반드시 읽어야 하는 책을 읽지 않았기 때문이다. 독서를 통해 이해력을 기르지 않으면 국어와 사회는 말할 것도 없고 수학, 과학도 제대로 이해하기가 어렵다.

수학, 과학은 잘하는데 우리말인 국어 점수가 안 나오는 것이 이해되지 않는다는 부모들이 많다. 읽기 능력이 부족한 학생은 수학, 과학도 높은 단계로 올라가기 어렵다는 사실을 알아야 한다. 초중고 시절 다양한 분야에 걸쳐 많은 책을 읽어 어떤 문장도 머리로 이해하고, 가슴으로 느낄 수 있는 능력을 길러야 한다. 감성적인 글은 온몸이 저리도록 몸과 마음으로 느끼고, 논리적인 글은 치열하게 따져가며 읽어 명료하게 이해하는 훈련을 해야 한다.

'중산층'과 '신분 상승'이라는 우리 사회의 발전을 이끌어 온 두 축이 무너지고 있다는 분석이 여기저기서 나오고 있다. 자녀 교육비와 전세금 대출 이자를 내고 나면 노후 준비는 생각조차 할 수 없다고 한다. 이제 우리는 고비용 저효율의 전형인 사교육 문제를 해결해야 한다. 선행학습과 맹목적인 반복학습보다는 독서를 통한 이해력 배양으로 지적 근력을 강화시켜 학교 공부만으로 혼자 시험 준비를 할 수 있는 능력을 길러주어야 한다. 책은 우리를 꿈꾸게 하고, 그 꿈의 실현을 위해 노력할 수 있는 추진력과 에너지도 제공해 준다. 독서를 통한 이해력 배양으로 사교육비 줄이기 범국민운동을 생각해 볼 때다.

행복한 가정

　　너보고 돈을 벌라 했나, 아빠
어릴 때처럼 들에 나가 일을 하라 했나. 아무것도 신경 쓰
지 말고 공부만 하라고 하지 않았느냐. 이렇게 못난 놈이
내 아들로 태어날 줄은 생각도 못 해봤다. 회사에서 네 놈
점수 물을까봐 요즘은 사람 피하는 게 내 일과다. 대학이
고 뭐고 다 때려치우고 당장 내일부터 알바를 하든 무슨
짓을 하든 네 밥벌이 네가 해라.

　당신은 고함만 치고 윽박지를 줄만 알았지 애비 노릇 제
대로 한 적 있나요. 얘가 공부 못하는 것이 어떻게 엄마
탓인가요. 난 새벽밥 해 먹이고 학교로, 학원으로 열심히

태워줬어요. (아이를 향해) 이놈아, 네가 엄마 말 한 번이라도 귀담아들어 준 적 있냐. 못난 놈. 그렇게 빌며 공부하라고 할 때는 말 안 듣더니, 시험은 네가 못 쳐 놓고 눈물을 왜 흘리냐. 난 이제 엄마 노릇도 아내 노릇도 다 싫으니 같은 성을 가진 두 사람이 앉아서, 대학을 가든 말든 결정하세요.

정시지원 상담 중에 부부가 아이 앞에서 말다툼을 하다가 엄마는 남편의 말을 더 들을 수 없다며 문밖으로 뛰쳐나갔다. 아버지도 아들을 한참 노려보더니 나가버렸다. 아이는 혼자 남아 눈물을 흘렸다. 그때 내 머릿속에서 "조물주의 손에서 나올 때는 착한 존재가 사람의 손에서 모든 것이 타락한다."는 루소의 『에밀』 첫 구절이 떠올랐다. 부모는 아이가 성장하는 데 최고의 조력자이면서 동시에 아이의 성장에 엄청난 걸림돌이 될 수도 있다는 말이다. "아버지가 아들에게 줄 수 있는 가장 큰 선물은 일찍 죽는 것이다."라는 장 폴 사르트르의 말도 떠올랐다. 망측한 말이 아니다. 부권의 권위, 독선적 사고 등으로 아이를 억압하지 말라는 뜻이다.

아이에게 길고 짧은 것은 대봐야 하니 점수에 맞는 대학에 가서 멀리 보고 열심히 하라고 타일렀다. 앞으로는 엄마 아빠의 시대와는 많이 다를 것이라는 점도 설명해 주었다. 다양한 전공과 직업에 대해 이야기하는 과정에서 아이는 도시 농업에 관심이 많다고 했다. 나는 정말 훌륭한 생각이라며, 관련 학과에 지원하기로 의견을 모았다. 부모님을 다시 안으로 들어오게 했다. 아들이 그 누구보다도 좋은 생각을 하고 있다는 점을 설명하며, 아이의 점수로 원하는 대학에 충분히 갈 수 있다고 설명했다.

"행복한 가정은 모두 엇비슷하지만 불행한 가정은 이유가 제각기 다르다."라는 톨스토이의 소설 '안나 카레니나' 첫 구절을 들려주었다. 행복한 가정이 되기 위해서는 가족 구성원 모두가 건강해야 한다. 의식주를 해결하는 데 필요한 경제력과 가족 전체가 참여하는 활동, 그리고 각자가 추구하는 꿈이 있어야 한다. 아빠는 경제 활동을 열심히 잘 하고 있고, 엄마의 노력으로 가족 모두가 건강하고, 아들은 훌륭한 육종학자가 되고자 하는 꿈을 가지고 있으니, 행복의 조건을 다 갖추고 있지 않느냐고 물었다. 모두가 그렇다고 대답했다. 대화를 파국으로 이끌지 말고 가능성을 찾으려고 노력하라는 조언을 했다. 서로 믿고 사랑하고 꿈을 가진다면 어떤 상황에서도 답은 나오기 마련이다.

봄 언덕에 올라

"사흘이 멀다 하고 지면을 장식하는 제4차 산업혁명 관련 기사는 기대와 우려를 동시에 제공하기 때문에 어느 장단에 맞추어 춤을 추어야 할지 모르겠습니다. 앞으로의 세계는 수학 문제를 잘 풀고, 많은 내용을 남보다 빨리 암기하고 오래 기억하는 능력은 별로 중요하지 않다고 합니다. 어느 교수님은 초등학교에 다니는 자기 아이에게 학원을 끊게 했다는 기사도 읽었습니다. 그러나 문 밖을 나서면 원하는 대학에 들어가기 위해서는 국영수 등 주요 과목 내신 관리를 잘해야 한다며 시험 점수에 목숨을 거는 분위기가 지배적입니다. 학교와 학원을 오가며 점수 올리기에 열중하고 있는 아이에게 어떻게 하면 예민한 감수성과 창의력까지 동시에 갖추도록 할 수 있겠습니까." 어느 엄마의 하소연이다.

모든 시대는 살기 어려웠고, 자녀 양육이 쉬운 시대는 없었다. 우리 조상은 살아남기에도 막막한 현실 앞에서 '자기 먹을 복은 타고 난다' 라고 말하며 아이가 맞이할 미래의 불확실성을 떨쳐보려고 애썼다. 산업사회까지만 해도 선생님 말씀 잘 듣고 학교에서 시키는 것만 잘하면 대학에 갈 수 있었고 졸업 후 취직하여 비교적 쉽게 홀로서기를 할 수 있었다. 오늘의 부모님들은 그때가 부럽다고 말한다.

장차 어떤 상황 변화가 오더라도 학생은 학교에서 배우는 교과 내용을 제대로 이해하고 익히기 위해 여전히 최선을 다해야 한다. 그러나 단순한 암기 능력 테스트는 사라질 것이고, 개념과 내용을 다 알고 풀이 과정도 맞는데 계산 실수로 운명이 뒤바뀌는 시험체제는 달라질 것이다. 창의력이란 어느 정도 지식이 축적되어야 배양될 수 있는 능력이다. 아무런 예비지식이 없고 준비도 되어 있지 않은 사람에게서 창의적 사고는 나오기 어렵다. 그러나 과거처럼 일주일 내내 책상 앞에 앉아 있는 것은 현명하지 못하다. 그런 방식은 교과 공부를 잘하기 위해서도 바람직하지 않다. 공부할 때는 눈빛이 종이를 뚫을 정도로 집중하고 놀 때는 맘껏 노는 것이 좋다.

인류 역사상 레오나르도 다빈치만큼 균형 잡힌 오감을 가지고 있었던 사람은 드물다. 그가 살던 르네상스 시대에는 오감의 균형을 최고의 가치로 간주했다. 근대에 들어오면서 그 균형은 깨어져 눈으로 볼 수 있는 것이 지나치게 강조되었고, 인쇄술의 발달로 이성과 합리성을 지나치게 중시하는 풍조가 힘을 발휘했다. 오감의 융합과 감각의 통합에 근거한 입체적인 고대적 상상력은 급속히 퇴화했다. 이제 다시 우리는 상상력과 감각의 확장을 위해 노력해야 한다. 주중에는 열심히 공부하고 주말에는 온 가족이 들과 산으로 나가보자. 자연 속에서 하루를 보내다 보면 생각지도 못한 영감의 순간을 맞이할 수 있다. 학업과 놀이의 조화, 독서와 사색을 통한 창의력 배양, 합리성의 추구와 예민한 감성, 이런 자질들은 조금만 관심을 가지면 동시에 추구할 수 있다. 봄꽃들이 화사하다. 봄 언덕에 올라 먼 산의 아지랑이를 바라보자. 봄꽃에 취할 수 있는 감성과 여유, 이것이 바로 미래를 위한 경쟁력이 되는 시대다.

경쟁

　　　　　　　　　　포털 뉴스 메인에 떠 있는
'오늘 한강물 따뜻하냐' 라는 제목의 기사를 클릭했다. 수
능시험이 목전에 다가오면서 청소년들이 심한 입시 스트
레스를 받고 있다. 그들은 불안감으로 우울증, 두통 등의
증상에 시달리고 있으며, 심할 경우 목숨까지도 끊는다.
공부만 강요당하고 위로받지 못하는 일부 청소년들이 극
단적인 선택을 하는 것은 안타까운 일이다. 자살 고위험군
에 있는 학생들을 위한 예방 프로그램과 함께 청소년의 삶
의 질 향상에 초점을 맞추는 것이 시급하다. 이런 내용이
다. 원론적으로 다 맞는 말이고 공감이 되지만 제목이 섬

뜩하다.

"나는 인간이다. 그것은 경쟁하는 자라는 것을 의미한다." 괴테의 말이다. 그는 인간이란 경쟁할 수밖에 없는 존재라고 인식했다. 성적 경쟁에 내몰리는 청소년들의 삶이 어렵다는 것을 지적하고, 문제 해결을 위해 노력해야 한다는 지적은 옳다. 그러나 경쟁을 어느 정도 당연한 것으로 받아들이고, 경쟁을 즐길 수 있는 방법도 이야기할 필요가 있다. 모든 생명체는 살아남기 위해 치열한 생존 경쟁을 해야 한다. 자연사는 자연도태와 적자생존의 역사다. 인류 문명은 치열한 경쟁을 통해 발전했다. 다만 인간이 동물과 다른 점은 치열하게 경쟁하지만 이긴 자가 진 자를 포용할 수 있다는 것이다. 경쟁이 모든 사람을 괴롭게 하는 것은 아니다. 승패에 관계없이 경쟁을 즐기는 사람도 있다. 경쟁심은 목표 의식을 분명하게 해주면서 나태의 해독제가 될 수도 있다. '한강물 따뜻하냐' 라는 극단적으로 선정적인 제목보다는 '경쟁을 즐길 줄도 아는' 조언도 같은 비중으로 다루면 더 좋지 않을까.

"경쟁이란 단어 'compete' 의 어원은 '함께' 라는 의미의 'com' 과 '추구하다' 라는 의미를 가진 'petere' 의 합성어인 competere라는 라틴어로 '함께 생존하다' 라는 의미를 가진다." 『전략적 사고』의 저자 스튜어트 웰스의 말이다. 진정한 경쟁이란 무조건 이기려고 서로 겨루는 것이 아니다. 어떤 목적을 향해 서로 겨루기도 하지만 궁극에는 서로 공생해야 한다는 것이 바탕에 깔려있어야 한다. 펩시콜라와 코카콜라는 한때 치열하게 경쟁했지만 그들은 음료 시장을 함께 키워 나가야 하는 동업자임을 깨달았다. 그래서 그들은 "오랜 시간 편협하기 그지없었던 콜라전쟁에 종지부를 찍겠다."고 선언하기도 했다.

사촌이 논 사면 배 아프고, 옆집 아이가 우리 집 아이보다 점수가 높으면 밥맛이 떨어지는 것은 진정한 '경쟁'이 아니고 비뚤어진 '경쟁의식'일 따름이다. 네가 망해야 내가 흥하고, 네가 적게 가져야 내가 많이 가진다는 식으로 경쟁을 살벌한 제로섬 게임으로 만들어서는 안 된다. 한 교실에서 공부하며 때론 치열하게 경쟁하지만, 뒤처진 친구의 어깨를 툭 치며 "내가 차근차근 설명해 줄게. 우리 같이 원하는 대학에 가도록 열심히 해보자."라고 말하며 서로 머리를 맞댈 수 있는 분위기가 조성돼야 한다. 그래야 '함께 추구하며 공생한다.'는 '경쟁'의 원래 의미가 현실에서 구현될 수 있다. 가정과 사회가 먼저 모범을 보여야 한다.

통과의례

시험 못 쳤다고 조금 나무랐
더니 완전히 드러누웠습니다. 밥도 안 먹고 잠도 안 자고
주말 내내 방 안에만 틀어박혀 있습니다. 제 가슴이 터질
것 같습니다. 제발 나와서 밥은 먹고 들어가라고 애원해도
듣지 않습니다. 저러다가 나쁜 생각이라도 하면 어쩌나 하
는 생각이 듭니다. 제가 무엇보다 힘든 것은 아빠의 태도
입니다. 아이의 저런 모습을 보며 도와줄 생각은 하지 않
고, 몇 끼 굶는다고 죽지 않으니 그냥 두라고 합니다. 저는
개인 생활도 없이 아이에게 바짝 붙어 모든 것을 아이 뒷
바라지에 바치고 있습니다. 아이와 남편 사이에서 정말 힘

이 들어요.

공부 안 해서 시험 못 쳐놓고 부모를 상대로 단식 투쟁하듯 밥 안 먹고 방안에 틀어박혀 있는 행동은 똥 뀐 놈이 성내는 격으로 도저히 이해할 수 없고 받아들일 수도 없습니다. 시험 못 쳤으면 더 열심히 하겠다는 오기 같은 것이 솟구쳐나야 하는 것 아닙니까? 저러고 있는 것은 너무 포시럽게 키운 우리 잘못 때문입니다. 그냥 두면 절로 해결될 텐데. 엄마가 저러니 아이가 분별력도 판단력도 없는 겁니다. 다 못난 부모 때문에 저러고 있으니 부끄럽고 죄송합니다.

평가원 모의고사 다음 날 부부가 찾아와서 한 말이다. 부모 세대는 지금보다 훨씬 치열한 대입 경쟁 과정을 거쳤다. 그러나 그들 부모의 외형상 간섭은 지금보다 훨씬 덜했다. 사랑의 마음이 지금보다 적어서가 아니다. 그때 부모들은 입시를 포함해 고교 시절에 겪는 굵직한 일들은 누구나 성년이 되는 과정에서 당연히 거쳐야 하는 통과의례로 자연스럽게 받아들였다. 생활수준이 향상되고 자녀가 한두 명으로 줄어들면서 상당수의 부모들은 시간적 · 경제적 여력 대부분을 자녀 교육에 집중적으로 쏟아부었다. 이와 함께 다양한 부작용이 생겨났다. 부모가 모든 것을 자녀에게 바치기 때문에 아이도 거기에 호응해 실질적인 성과를 보여주어야 한다는 것이다. 부모 자녀 사이에 일종의 경제적 이해관계가 생겨났다. 부모 자녀도 서로 투자와 생산의 관점에서 바라보게 된 것이다.

자녀를 하나의 독립적인 인격체로 존중하지 않고 부모의 욕심을 위해 몰아붙이는 것은 바람직하지 않다. 간섭이 지나칠수록 아이는 부모와 가정에서 점점 멀어진다. 가정은 가족 구성원이 정서적 안정 속에서 휴식을 취하며 내일을 위한 활력을 얻게 되는 재충전의 원천이다. 이제 우리는 비정상적이고 비생산적인 교육 열기를 차분히 가라앉히며 자녀 양육이 가족의 행복과 직결될 수 있는 방법을 찾아 실천해야 한다.

나는 시간이 좀 지나면 밥도 먹고 괜찮아질 것이라며 당분간 그냥 지켜보라고 했다. 아빠에게는 아들과 마주 앉아 아이의 좌절과 힘겨움을 들어주며, 그 과정은 누구나 겪는 통과의례임을 이야기하고 어깨를 한 번 툭 치며 격려해 주라고 당부했다. 엄마에게는 자녀의 몸종이 되지 말고 엄마 자신의 행복을 추구할 때 아이가 오히려 엄마를 따르고 존경하게 될 것이라고 말했다. 적절한 거리는 모두를 행복하게 할 수 있다.

학습의 기본 원칙

"아빠는 제가 공부하는 방법
이 틀려서 노력한 만큼 성적이 오르지 않는다고 합니다.
수학 문제를 연습장에 직접 풀어야 하듯이, 영어 단어도
수차례 종이 위에 적어보고, 다른 과목도 연습장에 여러
번 적으며 공부해야 확실하게 기억할 수 있다고 하십니다.
제가 눈으로만 대충 건성으로 보기 때문에 늘 실수를 하고
결정적인 순간에 틀린다고 나무랍니다. 저는 수학 외에는
연습장에 적어가며 공부하지 않습니다. 제 방법이 정말 잘
못 되었는지 궁금합니다. 아빠 때문에 정말 미치겠습니
다." 어느 고2 학생의 말이다.

서점에 나가보면 효율적인 학습법에 관한 책이 엄청나게 많다. 내용을 살펴보면 저자마다 제시하는 방법이 다 다르다. 이는 모두에게 똑같이 적용할 수 있는 학습법이 없다는 말과 같다. 종이 위에 적어야만 제대로 기억할 수 있다는 주장도 여러 학습 방법 중에 하나라고 생각하면 된다.

수학이나 물리는 애써 적어가며 암기하지 않아도 기본 개념이나 원리를 이해하면 그 내용을 비교적 오래 기억할 수 있다. 그러나 영어 단어나 단편적인 정보는 여러 차례 반복해서 암기해야 기억하게 되는 경우가 많다. 예전에는 암기할 때 연습장에 여러 번 적어보는 방법을 선호했다. 그러나 요즈음 학생들은 그냥 반복해서 읽거나 한두 번 가볍게 적어보는 방식을 택한다. 어느 쪽이 더 효율적이라고는 단정적으로 말할 수 없다. 부모님 시절에는 단편적인 지식을 무조건 암기하기만 해도 점수와 연결되는 경우가 많았다. 현행 수능시험은 사고력과 응용력, 추론 능력 등이 있어야 문제를 풀 수 있기 때문에 맹목적인 암기보다는 개념의 이해가 훨씬 더 중요하다. 엄격한 의미에서 이제는 암기 과목이라는 것이 없다. 모든 과목은 교과서 내용을 이해해야 문제를 풀 수 있다.

생산적 학습을 위해서는 예습을 하라고 조언하고 싶다. 공부할 내용을 가볍게 미리 읽어보고 수업을 들으면 그렇지 않은 경우보다 집중력과 이해도가 훨씬 높아진다. 모르는 부분에 줄을 쳐서 수업에 참여하면 선생님께 질문하고 토론할 기회도 많아진다. 또한 미리 고민했기 때문에 오래 기억할 수 있다. 예습 습관은 새로운 상황에 능동적으로 대처하는 능력을 길러준다. 예습은 낯설고 새로운 것을 접할 때 위축되거나 두려워하지 않는 도전정신을 배양하고 자신감을 가지게 해 준다. 예습은 지적 호기심과 창의력도 길러준다. 예습에 익숙하지 않은 학생은 과목당 10분씩만 미리 읽는 습관을 들여 보자. 예습을 한 후, 수업 시간에는 개념과 원리의 이해에 중점을 둔다면 학습의 생산성은 훨씬 높아질 것이다.

복습을 할 때도 처음에는 무조건 암기하려 하지 말고 배운 내용을 천천히 읽어보며 다 이해가 되는가를 먼저 확인해야 한다. 확실하게 이해되지 못한 것이 나오면 밑줄을 쳐 두었다가 다시 선생님께 질문하는 습관을 가지자. 선 이해 후 암기를 항상 염두에 두자. 공부에는 왕도가 없다. 그러나 제대로 된 예습, 복습은 어떤 경우에도 적용할 수 있는 학습의 기본원칙이다.

4부

봄날, 그리고 꽃비

자존감이 높은 부모는 점수보다는 아이의 수고를 먼저 인정해주고,
좋은 결과를 얻지 못했을 때는 꾸준히 노력하면
언젠가는 반드시 원하는 성적에 이를 수 있다고 말한다.
자존감이 낮은 부모일수록
자녀들이 매사에 완벽해지기를 요구하는 경향이 강하다.
자존감이 높은 부모는 완벽을 요구하거나
강요하기보다는 결과에 너무 신경 쓰지 말고
그냥 최선을 다하라고 말한다.

봄날, 그리고 꽃비

"아이가 너무 고지식해서 걱정입니다. 휴일에도 늘 자기 방에 틀어박혀 과학 관련 책만 읽습니다. 어릴 때부터 그런 생활에 익숙하다 보니 드라마 '도깨비' 같이 현실과 동떨어진 이야기에는 강한 거부감을 가집니다. 교실에서도 엉뚱한 생각을 하는 친구를 보면 견디기가 어렵다고 합니다. 내 아이지만 너무 빈틈이 없어요. 시계 같습니다. 아이는 무엇이든 논리적으로 납득이 돼야 받아들입니다. 전에는 그런 태도가 실수를 하지 않고 좋은 점수를 받기 위해 바람직하다고 생각했습니다. 그러나 학년이 올라갈수록 국어 성적이 잘 안 나오니 걱정이 됩니다. 시나 소설 같은 문학작품은 아예 관심이 없습니다. 아이는 장차 과학자가 되고 싶답니다." 아이가 수학, 과학 같은 논리적인 과목만 좋아하고 너무 진지해서 걱정이라는 어느 엄마의 말이다.

수학자 앙리 푸앵카레는 무엇인가를 증명할 때는 논리로 하지만, 발견할 때는 직관으로 한다고 했다. 아인슈타인의 상대성원리도 직관에서 먼저 나왔다. 논리적, 수학적 접근은 그다음이었다. 최고의 과학자는 먼저 상상하고 직관하며, 그 후에 숫자나 말로 표현한다. 그래서 최악의 과학자는 예술가가 아닌 과학자라고 한다. 예술가는 대상을 단순하게 모방하고 묘사하는 사람이 아니다. 그들은 그 무엇보다도 먼저 느끼고 직관하는 사람이다. 위대한 과학자가 되려면 예술가의 직관력과 상상력, 예민한 감성을 가지고 있어야 한다.

창의적인 사람들은 필요한 모든 것을 활자 매체인 책을 통해서만 배우는 것이 아니다. 때로 책을 덮고 눈을 감고 사색하면서, 또는 대자연 속에서 많은 것을 깨닫고 영감을 받게 된다. 감각과 느낌이 그래서 중요한 것이다.

파블로 피카소는 어떤 그림을 그릴지 예측하고 붓을 든 적이 없다고 했다. 작업하는 순간 상상력과 직관이 섬광처럼 던져주는 것을 표현했다는 뜻이다. 그는 눈이 아니라 마음으로 본 것을 그린다고 했다. 그는 "당신들은 보고 있지만 보고 있는 게 다는 아니다. 그저 보지만 말고 생각하라. 표면적인 것 배후에 숨어 있는 놀라운 속성을 찾아라. 눈이 아니고 마음으로 보라."고 말했다.

삼중고의 성녀 헬렌 켈러가 쓴 『사흘만 볼 수 있다면』은 리더스 다이제스트사가 선정한 20세기 최고의 수필이다. 그녀는 이 글 마지막 부분에서 우리가 꼭 경청해야 할 충고를 해 준다. 내일 갑자기 장님이 될 사람처럼 눈을 사용하고, 내일 귀가 안 들리게 될 사람처럼 음악소리, 새소리, 오케스트라의 강렬한 연주를 듣고, 내일이면 모든 촉각이 마비될 사람처럼 그렇게 만지고 싶은 것을 만지고, 내일이면 후각도 미각도 잃을 사람처럼 꽃향기를 맡고, 맛있는 음식을 음미하라. 상담을 마치고 나서는 엄마에게 말했다.

"지금 도로변과 공원에는 벚꽃이 활짝 피었습니다. 아이를 데리고 한 번 나가보십시오. 화사한 벚꽃을 바라보며 사진도 찍고, 바람이 불 때 떨어지는 꽃비에 온몸을 흠뻑 적셔보십시오. 그런 경험이 바로 아이가 균형 있게 성장하는 데 꼭 필요한 자양분이 될 것입니다."

봄, 졸업, 새로운 시작

　　고교 시절 어느 수필에서 '겨울이 오면, 봄은 멀지 않으리(If winter comes, can spring be far behind)'라는 시구를 처음 읽었다. 영국 낭만파 시인 퍼시 B. 셸리의 유명한 시 '서풍부西風賦'의 마지막 구절이다. 겨울 다음에는 봄이 온다는 당연하고 밋밋한 표현이 어찌하여 전 세계인의 입에 오르내리는 명구가 될 수 있었는지 이유가 궁금했다. 영국은 위도가 높아 겨울이 유난히 길기 때문에 다른 나라 사람들보다 봄을 더 간절히 기다려서 그런가라고 생각했다. 지금도 그때의 추론이 완전히 잘못되었다고는 생각하지 않는다. 봄날 영국의 공원이나 정원을 걸어본 사람은 잉글랜드의 봄이 얼마나 아름다운지를 실감할 수 있을 것이다.

셸리는 키츠·바이런과 함께 영국 낭만주의를 만개시킨 시인이다. 그는 지상에 묶여 있는 사물들보다는 구름·바람·하늘·별 같은 것들에 더 친근감을 느꼈으며, 신화적 상상력으로 지고한 미와 사랑에 탐닉하며 서정성 넘치는 시를 썼다. 그는 명문 이튼을 거쳐 옥스퍼드에 입학했지만 도를 넘는 이상에의 열망과 억압에 대한 저항 정신 때문에 쫓겨났다. 이후 영국과 아일랜드를 방랑하다가 대륙으로 건너가 스위스·이탈리아 등을 주유하면서 대표작 '서풍부'를 썼다. 이 시에서 시인은 온갖 부정과 불합리 속에서 억압받으며 쓰러져가는 인간들을 구원하고자 하는 소망을 표현했다. 자연 세계에서는 갱생을 위한 변화가 서풍에 의해 이뤄지는데, 인간 세계에서는 그런 혁신이 잘 이뤄지지 않으니 차라리 그 은총을 받는 잎이나 구름이 될 수 있기를 노래했다. 시인은 마지막 부분에서 자신을 서풍과 동일시하며, 시인이 품고 있는 혁명적인 이상과 사상들이 세계 속에 심어져서 세상 모든 사람들이 죽음에서 갱생하기를 소망했다.

시인은 자신이 하나의 수금竪琴이 되어 바람이 불 때마다 사람들에게 갱생의 소리를 들려주고 싶어 했다. 서풍은 파괴자이자 보존자이며, 죽음 뒤의 재생을 가져다주는 생명과 조화의 힘이다. 시인의 수금은 새로운 시대를 알리는 예언자의 목소리였다. 시인은 '겨울이 오면 봄은 멀지 않으리'라는 마지막 행을 주문처럼 외우며 불의와 억압의 겨울이 죽고 새로운 희망이 피어나는 봄의 탄생을 노래했다.

입춘 지나자 담벼락에 아른거리는 햇살이 좀 더 통통해지는 것 같다. 2월은 졸업의 달이다. 꿈꾸던 학교에 진학한 학생과 그렇지 못해 차선의 길을 선택한 학생들 모두가 학교를 떠난다. 자신의 목표를 달성하기 위해 한 해를 더 공부해야하는 학생들도 많다. 어떤 상황에 있더라도 꿈을 잃지 않고, 이상과 열정을 가슴속에 간직하고 있으면, 봄날 그 소망은 아름다운 꽃으로 활짝 피어날 것이다. 졸업을 뜻하는 영어 단어 'commencement'는 새로운 시작이란 의미도 있다. 이보 전진을 위해 일보 후퇴하는 학생들도 겨울 다음에는 반드시 봄이 온다는 사실을 믿고 어깨를 활짝 펴야 한다. 긴 호흡으로 멀리 보며 차근차근 나아가다 보면 목적지에 이르게 된다. 꽃샘바람 시샘해도 때가 되면 꽃은 저절로 피어나는 법이다.

알파고와 자유학기제

2016년 3월 9일, 구글의 인공지능 알파고가 세계 최고의 바둑 고수 이세돌을 이겼다. 이날은 인류에게 엄청난 의미를 갖는 상징적인 사건으로 기록될 것이다. 알파고를 보며 우리는 감정 없는 기계의 냉철한 계산능력과 예측능력에 감탄과 함께 엄청난 위협을 느끼게 된다. 물리학자 스티븐 호킹은 "인공지능 기술이 완전히 구현되면 인류의 종말을 부를 수 있다. 인공지능(AI) 기술을 사용한 무기, 킬러로봇 등의 개발을 막아야 한다."고 주장했다.

지구 생명체는 40억 년 전에 출현했다. 바이러스든 공룡

이든 형태에 관계없이 모든 생명체는 자연선택 법칙에 따라 진화하며, 유기체라는 한계에 묶여 있었다. 동물이든 식물이든 모든 생명체는 유기화합물로 만들어졌다. 그러나 이제 인간은 자연선택을 지적설계로 대체하고, 유기체가 아닌 생명을 만들지 모른다. 과학은 자연선택으로 빚어진 유기적 생명의 시대를 지적설계로 빚어진 비유기적 생명의 시대로 대체하는 중이다. 예루살렘 히브리대학교 교수인 유발 하라리의 명저 『사피엔스』에 나오는 내용이다.

오늘의 과학은 인간에게 인간 스스로 몸과 마음을 재설계할 수 있는 수단을 제공하기 시작했다. "바이오 기술의 혁신 덕분에 인간의 업그레이드가 가능해지고, 가난한 자와 부자 사이에 진정한 생물학적인 격차가 생기면 어떤 일이 벌어질까?" 유발 하라리는 모든 인간은 이 질문을 심각하게 직시할 필요가 있다고 지적한다. 유전공학, 인공지능, 나노기술, 바이오 기술 등을 결합하면, 외모를 더 좋게 만드는 성형수술처럼 유전자 속에 들어있는 장점은 극대화하고 단점과 결점은 제거하거나 드러나지 않게 하여, 한 개인의 잠재능력이 타인과는 비교가 되지 않을 정도로 탁월하게 발휘되게 하는 일이 가능해질 수 있다. 부자들은 현재 자녀들에게 투자하는 사교육비의 몇 배를 인간 자체를 업그레이드시키는 일에 투자할 것이다. 금수저, 흙수저 같은 계급론에 인위적인 처치로 만들어진 생물학적인 차이까지 보태진다면 어떤 일이 일어날 것인가.

"인공지능, 로봇기술, 생명과학 등이 주도하는 4차 산업혁명의 도래로 올해 초등학교에 입학한 아이들의 65%는 현재 존재하지 않는 직업에 종사할 것이다." 연초 다보스포럼이 발표한 '일자리 미래 보고서'에 나오는 내용이다. 미래에는 데이터 분석에 의한 체계적 조작, 인지적 자동화가 가능한 거의 모든 작업은 인공지능으로 대체될 것이다. 그러나 예술이나 역사학처럼 추상적인 개념 정의가 요구되는 작업, 사람과 사람 사이의 협조·이해·설득·협상 등 서비스지향성이 요구되는 작업은 인공지능으로의 대체가 어려울 것이다.

이제 문제 풀이와 잡다한 지식의 암기보다는 예민한 감성, 따뜻한 인간성, 혁신적 사고와 창의성 같은 능력을 배양하는데 더 힘을 쏟아야 한다. 알파고를 보면서 중학교 자유학기제 기간에 교과 선행학습보다는 미래진로 탐색, 지적 호기심과 문제의식 배양을 위한 독서와 체험학습이 왜 더 중요한가를 다시 생각하게 된다.

작은 승리와 성취감

"얘는 왜 이런지 모르겠어
요. 도무지 공부하겠다는 생각이 없습니다. 정신과 상담이
나 적성검사 같은 것을 해보면 아무 문제가 없고 IQ도 평
균 이상입니다. 누나는 유치원 다닐 때부터 스스로 계획을
세워 알아서 실천했어요. 무엇을 시켜도 한마디 대꾸 없이
시키는 대로 했어요. 얘는 누나처럼 스스로 알아서 안 하
니까 내가 계획을 세워주고 제발 요만큼만이라도 하라고
하는데 그것도 안 합니다. 누나는 어쩌다 시험을 못 치면
내가 화가 나서 좀 심하다 싶을 정도의 숙제를 내도 눈물
을 흘리면서도 그걸 다 해냈어요. 얘는 그런 악착같은 마

음이 없어요. 국·영·수는 말할 것도 없고 어떤 과목도 재미가 없다고 하네요. 그렇다고 신나게 노는 것도 아닙니다. 반에서 중간을 하나 꼴찌를 하나 아무 생각이 없어요."

한 엄마가 중3 아들을 데리고 와서 아들 앞에서 내뱉은 푸념이다. 엄마의 이야기를 잘 살펴보면 엄마의 말 속에 문제와 답이 다 들어있음을 알게 된다. 아들도 누나처럼 스스로 계획을 세우고 실천하게 해야 한다. 그런 다음 스스로 그 결과를 반성하고 평가한 후 다시 계획을 세우고 더 잘 실천하도록 도와주어야 한다. 그 과정을 지켜보는 것이 때로 답답하고 힘이 들어도 부모님은 인내심을 가지고 기다려 줄 필요가 있다.

페니실린을 발견한 A. 플레밍은 "나는 미생물을 가지고 논다. 놀이에 익숙해지고 나서 다시 그 놀이의 규칙을 깨뜨려 보면 다른 사람들은 생각지도 못한 새로운 것을 발견할 수 있다."라고 했다. 먼저 어떤 과목이든 재미가 있어야 한다. 재미를 느끼기 위해서는 개념을 제대로 이해하고 개념을 가지고 놀 수 있어야 한다. 무조건 진도를 빨리 나가고 문제를 많이 풀어본다고 학업 성취도가 높아지는 것은 아니다. 개념을 가지고 놀 수 있을 정도가 되면 개념의 응용과 적용은 보다 쉬워지고, 심지어 그것을 뛰어넘는 경지로까지 나아갈 수 있다. 개념과 내용을 완전히 이해하고 소화한 후 그것을 비틀어 보고 깨어 보려고 할 때 창조적 발상이 나온다.

무슨 일이든 한 술 밥에 배부를 수 없다. 생활과 학습 면에서 계획을 실천하여 조금씩 성취감을 맛보게 되면 학교생활이 즐겁고 수업시간이 기다려진다. 일상생활에서 일주일 단위로 목표를 세우고 그것을 다시 하루 단위로 나누어서 반드시 실천하여 성취감을 누적하게 되면 더 긴 시간이 걸리는 일도 두려움 없이 도전할 수가 있다.

누나가 좋은 습관을 형성하게 된 과정을 돌이켜 볼 필요가 있다. 누나는 스스로 계획을 세우고 실천하는 과정에서, 처음 몇 번 시도에서 운 좋게도 성공하여 성취감과 기쁨을 느꼈을 것이다. 엄마는 다른 사람 앞에서 아이 흉을 보지 말고, 동생도 실천 가능한 계획을 세우고 성공할 수 있도록 도와주어야 한다. 처음 몇 번의 시도에서 한 번이라도 만족스러운 결과가 나오면, 비록 사소하고 작은 성공이라 해도 축하해 주며 신뢰의 마음을 보여 주자. 아이는 신이 나서 다음 과제를 더 잘 할 것이다. 작은 승리감이 큰 성취를 위한 토대임을 기억하자.

공부보다 중요한 것

생과일주스를 두 잔 들고 온 어머니가 한 잔을 내 앞으로 내밀었다. 입술을 대보니 파인애플 향과 단맛이 코와 입으로 진하게 느껴졌다. 자기 앞의 주스를 단숨에 절반 정도 쭉 마시고 어머니는 바로 이야기를 시작했다.

"초등학교 때는 수학, 과학 영재반에 다닐 정도로 우수했고, 선생님들도 아이가 최고의 명문대학에 쉽게 들어갈 것이라고 말했습니다. 발명 특기자로 활동을 했고 여러 번 상을 받았습니다. 백일장에서 상도 많이 받았습니다. 초등 5학년 때 중3 수학까지 끝냈습니다. 중2 때부터 공부에 흥미를 잃기 시작했습니다. 책상에 늦게까지 앉아는 있지만 공부에 집중하는 것 같지는 않았습니다. 고등학교에 올라와 첫 시험에서 중간도 안 되는 성적이 나왔습니다. 해도 안 될 것 같다고 말해 더욱 기가 찹니다. 애가 학생부교과나 종합전형으로 대학에 갈 수 있는 가능성은 거의 없습니다. 내신관리가 좀 쉬운 한두 시간 거리에 있는 시골 학교로 전학을 가면 어떨까 싶어 상담하러 왔습니다."

"전학을 가도 크게 달라지지는 않을 것이라고 생각합니다. 학생은 공부뿐만 아니라 모든 일에서 해도 안 될 것이라는 생각을 하고 있기 때문에 마음의 자세를 바꾸지 않으면 어디에 가도 소용이 없을 겁니다. 전학을 가면 잘 할 것 같습니까? 환경의 변화가 주는 문화 충격으로 더욱 방황할 가능성이 높습니다. 내신 성적 때문에 집을 떠나 다른 곳으로 간다는 것은 일종의 현실 도피입니다. 정공법으로 맞서지 못하는 자신이 더 못마땅할 것입니다. 지금은 아이가 자신감과 자존감을 회복할 수 있도록 도와주는 것이 급선무입니다. 모두에게 주목받고 매사에 자신만만하던 초등학교 시절, 그때의 마음 상태를 회복할 수 있도록 도와주어야 합니다."

아이의 생활은 어떠냐고 묻자, 밥맛이 없다며 아침은 늘 굶고 끼니를 거르는 일이 많아 몸이 바싹 말라있다고 했다. 자신의 능력에 맞는 계획을 세워 반드시 실천하여 성취감을 누적시키면 생활이 즐겁고 자신감도 회복될 것이라고 말했다. 어머니는 남은 주스를 또 절반쯤 단숨에 마셨다.

"어머니, 지금 주스를 거의 다 마셨는데 주스 향이 좋다거나 단맛이 감미롭다거나 이런 걸 느끼셨나요?" "속이 답답하여 그냥 아무 생각 없이 마셨어요."라고 답했다. "어머니, 조금 여유를 가지고 남은 주스를 마셔 보십시오." 엄마는 천천히 조금씩 마셨다. "향도 느껴지고 단맛도 나네요." "무조건 윽박지르거나 다그치지 말고, 아이가 밥상머리에서 입맛이 돌아오도록 엄마 아빠가 마음의 여유를 좀 가지십시오. 자신감에 충만하여 아무 두려움이 없던 어린 시절을 함께 회상하며 그때로 돌아가려고 노력해 보십시오."

배웅하러 밖으로 나가니 파란 하늘이 눈부시게 찬란했다. 남쪽 하늘에 뭉게구름이 기이한 형상으로 피어오르고 있었다. 어머니에게 작별 인사를 했다. "어머니, 아이의 가슴에 희망과 꿈, 하고자 하는 의욕이 저 뭉게구름처럼 피어나도록 도와주십시오."

말이 줄 수 없는 느낌과 감동

아들과 엄마가 상담하러 왔다. 입시전략이나 학습 방법을 알아보기 위해 온 것이 아니었다. 두 사람은 서로 다투다가 의견 차이를 좁힐 수 없어 나를 찾아왔다. 엄마는 아이를 위해 무엇을 하라고 하고, 아이는 절대로 안 하겠다고 버티다가 누구 말이 옳은지 물어보려고 왔다고 했다.

나는 상담 과정에서 내용보다도 모자 간의 대화 방식과 태도에 더 흥미를 가지게 되었다. 아들이 "나는 한 번 안한다고 하면 절대 안 하니 엄마가 어떤 말을 해도 소용없어요."라고 잘라 말하자, 엄마는 불같이 화를 내면서 "네 아버지가 하는 말투를 그대로 따라 하는 네 태도가 정말 마음에 안 든다. 왜 너나 네 아버지는 한 번 생각도 안 해보고 딱 잘라 거부하는지 모르겠다." 엄마는 아들의 말하는 방식이 아버지를 닮았다는 점에 몹시 분개했다.

아들은 엄마의 평소 어투를 문제 삼았다. "엄마는 내 말을 한 번도 진지하게 들어 준 적이 없어요. 난 엄마가 쉴 새 없이 빠르게 쏟아내는 말과 말투가 너무 싫어. 엄마의 모든 말은 다른 친구들과 비교하거나, 내 행동의 옳고 그름을 지적하고 판단하는 것뿐이잖아요. 난 엄마가 말없이 나를 바라보며 그냥 고개를 끄덕여주는 모습을 한번 보고 싶어. 난 엄마 때문에 정말 미치겠어요." 엄마는 "너도 내 말에 빠짐없이 대꾸하잖아. 네가 나의 말투를 싫어하듯이, 나도 네 말투가 싫어."라고 응수했다.

자식은 부모를 비추는 거울이다. 엄마는 아이가 아빠와 자기 자신을 닮아 고집스러우면서도 또박또박 말대꾸하는 것을 참을 수 없었다. 대부분의 부모는 자신의 나쁜 말투나 행동을 아이가 따라 하는 것을 보면 엄청 화를 낸다. 아이를 통해 보는 자신의 부끄러운 모습이 싫기 때문이다. 나는 상담을 하는 과정에서 아이가 지나치게 무례할 때는 조용히 지적하며 고치라고 했다. 엄마가 너무 흥분할 때도 마음을 가라앉히고 이야기를 하라고 중재했다. 그 무엇보다도 모자간의 갈등부터 해결해야 가정에 평화가 찾아오고 아이의 성적도 오른다는 점을 강조했다.

"모든 언어는 분류이며, 모든 분류는 억압이다. 자유는 언어 밖에서만 존재할 수 있다." 프랑스의 철학자이자 비평가인 롤랑 바르트가 한 말이다. 생각과 감정을 말로는 다 표현하지 못하는 경우가 많다. 말만으로는 상대와 깊게 교감하며 영혼의 대화를 나눌 수 없는 때도 많다. 따뜻한 미소와 애정 어린 눈빛으로 그냥 어깨를 툭 쳐주는 것이 더 큰 힘이 될 때가 있다. 말보다는 손을 꼭 잡아주거나 안아줄 때 더 충만한 기쁨을 느끼게 된다.

가족이 함께 손을 잡고 낙조의 들길이나, 나무 사이로 보이는 푸른 하늘과 흰 구름이 머리를 맑게 해주는 산길을 걸어보자. 말없이 서로 밀어주거나 잡아당겨 보면 더 진한 가족애를 느끼게 될 것이다. 가다가 지치면 바위나 나무 그늘에 앉아 흘러가는 흰 구름을 바라보며 과자나 김밥을 서로의 입에 넣어 주며 무언의 대화를 나누어보자. 우리는 말이 없는 곳에서만 느낄 수 있는 새로운 감동을 주기적으로 경험해 볼 필요가 있다.

자존심보다 자존감이 강한 아이

　　"선생님, 우리 아이는 자존심이 너무 강해 남에게 지고는 못 삽니다. 꾸중할 일이 있어도 따로 불러 다른 선생님도 모르게 조용히 타일러 주십시오. 아빠도 아이에게 못 이깁니다. 선생님께서도 힘드시겠지만 부탁합니다. 그리고 아이에게 제가 학교에 왔다는 사실을 모르게 해 주세요. 죄송해요." 묵묵히 듣고 있던 선생님이 어머니에게 물어 본다. "어머님도 자존심이 강한 편인가요?" "저도 그래요. 누가 제 자존심을 건드리면 그냥 넘어 가지 않아요." 교육 현장에서 드물지 않게 오갈 수 있는 대화이다.

자존심自尊心과 자존감自尊感이라는 단어의 앞 두 음절, 자존自尊은 문자 그대로 '자신을 존중하는 것'을 의미한다. 자존심은 '자신을 존중하는 마음'이 주로 '타인과의 비교나 타인에 의한 평가'에서 나오고 자존감은 '타인과 비교하지 않는, 있는 그대로의 나를 존중하는 마음'에서 나온다. 대화 속에 나오는 아이와 어머니는 남의 평가나 남들과의 비교에 매우 민감하다는 사실을 알 수 있다. 자존심이 강한 사람은 자신이 처한 상황을 끊임없이 다른 사람과 비교한다. 자존심이 강한 아이는 친구들이 놀리거나 같이 놀아주지 않을 때 견디지를 못해 때론 극단적인 행동을 취하기도 한다. 자존감이 강한 아이는 친구가 놀려도 처음에는 속이 상하지만 곧바로 친구를 괴롭히는 그 아이를 오히려 측은하게 생각한다. 자존심이 강한 아이는 다른 친구보다 시험을 잘 쳤는지 못 쳤는지에 민감하다. 자존감이 강한 아이는 결과보다는 공부하는 과정에 최선을 다했는지를 짚어본다. 성적이 안 좋아도 곧바로 툭 털고 일어나 더 좋아지기 위해 더욱 열심히 공부한다.

자존감이 높은 부모는 점수보다는 아이의 수고를 먼저 인정해주고, 좋은 결과를 얻지 못했을 때는 꾸준히 노력하면 언젠가는 반드시 원하는 성적에 이를 수 있다고 말한다. 자존감이 낮은 부모일수록 자녀들이 매사에 완벽해지기를 요구하는 경향이 강하다. 자존감이 높은 부모는 완벽을 요구하거나 강요하기보다는 결과에 너무 신경 쓰지 말고 그냥 최선을 다하라고 말한다. 자존감이 높은 사람은 마음을 열어놓고 남과의 공감대를 중시하지만, 그렇지 않은 사람은 좀처럼 마음을 열지 않고 비밀이 많다. 자존감이 높은 학생은 상대를 인정하고 상대의 성공을 진심으로 축하해주고, 상대가 어려울 때 용기를 주고 격려하는 데서 기쁨을 얻는다.

최근에 1~2학년 때는 성적이 좋지 않았는데 3학년이 되어서 급격히 성적이 향상돼 수능에서 좋은 성적을 얻은 학생과 그들의 부모님 몇 명과 면담을 했다. 이 학생들은 성적이 안 좋을 때도 다른 친구와 비교하며 자신이 못났다고 생각하지 않았다. 부모님들은 모의고사 성적에 일희일비하지 않았고 자녀가 먹는 음식에 보다 많은 정성을 기울였고 꾸준히 노력하면 원하는 것을 성취할 수 있다고 말해주는 습관을 가지고 있었다. 자존감이 높고 작은 성공을 통해 자신감을 누적한 학생들이 결정적인 순간에 실수를 덜 하고 좋은 점수를 받는다는 결론에 이르게 되었다.

선생님의 선택

우리 반에 그림을 아주 잘 그리는 학생이 둘 있었다. 환경정리를 할 때면 이 둘의 작품만으로도 작품란을 다 메울 수 있었다. 담임선생님은 늘 두 학생을 칭찬하며 나중에 훌륭한 화가가 될 것이라고 말씀하셨다.

그해 봄 대외 사생 대회가 있었는데, 행사를 주관하는 쪽에서 참가 인원을 제한하여 한 반에서 한 명만 참가할 수 있었다. 우리는 실력이 비슷한 둘 중 누가 나갈 것인가에 관심이 쏠렸고, 선생님의 추천 결과를 기다리고 있었다. 한 아이는 과수원집 아이였고, 다른 한 명은 아버지가 산지기인 가난한 아이였다. 우리는 과수원집 아이가 대회에 나가리라고 생각했다. 우리의 예상과는 달리 선생님은 둘 다 참가시키지 않는 것으로 결론을 내렸다. 선생님이 두 학생은 우열을 가릴 수 없을 정도로 우수하니 두 명 다 참가할 수 있게 해 달라고 부탁했는데 그렇게 할 수 없다고 하자, 어느 하나에게 상처를 주기 싫다며 둘 다 참가시키지 않았던 것이다. 초등학교 때 있었던 일이다.

경쟁이 무조건 나쁜 것은 아니다. 경쟁은 사람을 긴장시켜 생산성 향상에 기여하는 등 순기능적인 역할을 할 때도 많다. 손으로 단추를 달거나, 봉투를 붙이는 일과 같은 단순작업은 자발적으로 내적 동기를 유발시켜 생산성을 올리기가 어렵다. 이 경우 완성품의 수에 따라 보상하는 경쟁을 유도하면 효과를 볼 수 있다. 이처럼 단순한 작업에 효과가 있는 보상 동기를 학문이나 예술, 또는 고도의 창의성을 요구하는 작업에 적용할 경우 생산성 향상을 기대하기 어렵다. 학교에서 점수와 석차, 학점을 지나치게 강조하면 학생들은 공부를 즐기기가 어렵다. 학생만 그런 것이 아니다. 교수에게도 논문 발표 수에 따른 과도한 업적 평가를 강요하면 연구의 중요성이나 효용성보다는 논문을 많이 발표하는데 초점을 맞추게 된다. 아무도 읽지 않고 저자 자신도 별 흥미를 갖지 않는 숫자 채우기에 힘을 낭비하여 학문의 질은 떨어지게 된다.

잦은 비교는 삶의 질을 떨어뜨리고 행복감을 저하시킨다. 심리학자들은 자기보다 잘난 사람과의 비교는 말할 것도 없고, 객관적으로 자기보다 못한 사람과의 비교도 행복감을 떨어뜨린다고 말한다. 늘 비교를 당하는 학생은 배우는 기쁨과 도전정신을 잃어버리게 된다. 가능하다면 친구나 동년배와의 횡적인 비교는 하지 않는 것이 좋다. 그것보다는 자신과의 종적인 비교를 하라고 권한다. 어제보다 오늘 내가 어떻게 달라졌는가, 오늘처럼 노력하면 내일 내가 얼마나 더 발전할 것인가를 상상하며 앞으로 나아가는 사람이 성공할 가능성이 높다는 것이다.

독일 바이마르에는 18세기 질풍노도의 시대를 이끈 대문호 괴테와 쉴러가 다정히 손을 잡고 있는 동상이 있다. 생시에 둘은 우열을 가리기가 어려웠다. 어느 독자가 괴테에게 당신과 쉴러 중 누가 더 위대한 작가라고 생각하느냐고 물었다. 괴테는 "더 위대한 어느 하나보다, 누가 더 위대한지 모르는 둘이 있는 것이 더 좋지 않소."라고 대답했다고 한다. 그때 담임선생님의 생각과 판단이 이와 같았을 것이다.

입학식

　　그날 아침은 유난히 바람이
드세고 쌀쌀했다. "명주 옷고름 하나면 사촌까지 따뜻해
진다는 말이 있지. 내 새끼가 드디어 학교에 가는구나."
여든 다섯의 할머니가 옷고름을 매어 주며 하신 말씀이다.
　"정말 좋겠구나. 얼마나 재미있는 일이 많겠니. 다 잘 될
거다. 사람이 마음먹어서 안 되는 일은 없단다. 바람이 차
구나. 그래도 때 되면 꽃은 저 혼자 피는 법이지." 골목 끝
까지 따라 나오며 어머니가 나직하게 들려준 말씀이다. 어
머니는 분이 하얗게 솟아오른 곶감 하나를 손에 꼭 쥐여
주셨다.

나는 또래 아이들과는 달리 어머니가 직접 만든 한복 솜바지저고리에 버선을 신고 초등학교 입학식에 갔다. 마흔 중반에 나를 낳은 어머니는 젊은 엄마들 보기가 부끄러워서인지 입학식에 나 혼자 가라고 하셨다.

학교 운동장에 도착하니 한복을 입은 학생은 한 명도 없었다. 모두가 나를 쳐다보며 웃었다. 나는 그 시선의 의미를 알았지만 별로 신경 쓰지 않았다. 입학식이 진행되는 동안 바람이 너무 차가워 옷고름으로 귀를 감싸보니 정말 따뜻했다. 할머니께서 왜 명주 옷고름 하나면 사촌까지 따뜻하다고 했는지를 알 것 같았다. 명주는 무명보다 더 귀하고 따뜻한 천이라는 사실을 깨달은 것이다.

입학식을 마치고 운동장을 한 바퀴 돌고 나서 주머니에 든 곶감을 꺼내 오래 꼭꼭 씹어 먹었다. 한참 세월이 흐른 후에 어머니가 주신 곶감의 의미를 자의적으로 해석했다. 배운다는 것은 곶감처럼 달고 즐거운 일이라고. 어머니가 그런 생각을 했든 안 했든 상관없다.

성취하는 사람과 발전이 없는 사람은 세상을 바라보는 관점, 틀, 사고방식을 말하는 프레임에서 차이가 난다고 심리학자들은 말한다. '접근 프레임'을 실천하는 사람들은 어떤 일의 결과로 얻게 될 '보상의 크기'에 집중하며, 매사에 도전적으로 접근한다. '회피 프레임'에 길들여진 사람들은 실패나 실수로 인한 '처벌의 크기'를 더 많이 생각한다. 치열한 경쟁 속에서 패자부활전이 보장되지 않는 세상을 살면서, 많은 사람은 어떤 일을 시도하여 가슴 벅찬 성취감을 맛보려하기보다는, 그 일의 실패나 자존심의 손상을 더 두려워한다. 그들은 불확실한 도전과 모험은 피하고 철저하게 안전한 것만을 추구하려 한다. 그러나 빛나는 창조와 성취는 접근 프레임을 가진 사람들만 얻을 수 있다. 그들의 도전 정신이 없었다면 신대륙의 발견, 비행기나 우주선 등은 없을 것이다. 목숨을 건 항해나 비행은 아무나 할 수 없다.

새로 입학을 하거나 학년이 올라가는 아이들에게 정신 차려 열심히 공부하지 않으면 성적이 떨어지고, 괴로운 일이 많이 생길 것이라는 경고나 협박을 해서는 안 된다. 새로운 환경에 대한 기대감을 키워주고, 공부와 학교생활을 즐길 수 있도록 도와주어야 한다. 새 친구를 만나 새로운 도전을 시작하는 3월이다. 신나고 즐거운 일만 생각하며 걱정하지 말자.

꿈과 희망 어디서 찾아야 하나

시골 출신 두 친구가 오랜만에 만나 스테이크를 먹고 있었다. "우리 어린 시절에는 지금 둘이서 먹는 소고기로 국을 끓였다면 온 식구가 다 먹었겠지. 국그릇을 받고 숟가락으로 휘휘 젓다가 고기 한 점을 건지게 되면 너무 기쁘고 행복했지. 우린 정말 운 좋은 세대였지. 특별한 재주 없어도 이렇게 잘 살고 있으니." "그래 우린 운이 좋았어."라고 다른 친구가 맞장구치며 질문을 던졌다.

"배는 안 고픈데 희망이 없는 것과, 배는 고프지만 희망이 있는 것 중 자네는 어느 쪽을 택하겠는가?" "당연히 후

자를 택하지. 우린 배는 고팠지만 열심히 공부하고 노력하면 반드시 잘 살 수 있다고 확신하며 학교 다녔잖아. 요즘 젊은이들은 희망조차 가질 수 없어 삼포, 칠포, 다포 세대라며 힘들어 하니." 두 친구는 혀를 끌끌 찼다.

"고전이란 사람들이 '나는 이 책을 다시 읽고 있어' 라고 말하지, '나는 지금 이 책을 읽고 있어' 라고 말하지 않는 책이다." 이탈리아의 문학가 이탈로 칼비노의 '왜 고전을 읽는가?' 서문에 나오는 이야기다. 고전의 반열에 들어가는 책은 무수히 많다. 우리는 그것들을 다 읽을 수 없다. 그렇기 때문에 우리는 고전 중의 고전을 찾아 읽으려고 노력한다. 우리 아이와 청년들은 입시공부와 취업 준비 때문에 젊은 날 고전을 제대로 읽지 못하고 있다. 세월이 흐르고 난 뒤, '난 이 책을 다시 읽고 있어' 라고 말할 수 있는 책이 몇 권이나 될까? 칼비노는 "고전이란 그 책을 읽으면서 더욱 독창적이고 예상치 못한 생각들을 발견하게 되는 책이다."라고 했다.

줄거리를 요약한 축약본은 아무 도움이 되지 않는다. 읽는 사람에게 깊은 감동이나 영감을 주지 못하기 때문이다. 레오나르드 다빈치는 "요약하는 자들은 지식과 사랑을 모두 망쳐 놓는 놈들"이라고 했다. 멀린 C. 위트록은 "하나의 텍스트를 이해하기 위해 우리는 단어를 사전적 의미로만 읽는데 그치지 않고 그 텍스트에서 새로운 의미를 창조해 낸다."라고 했다. 독서 수준이 높은 독자는 책을 평가하며 읽고, 그 책 속에서 자신의 생각을 발견한다. 창의적인 독자는 책을 매개로 삼을 뿐 주체로 삼지 않는다.

다니엘 핑크는 "지금 세계 경제와 사회는 논리적이고 선형적인 능력, 즉 컴퓨터와 같은 기능에 토대를 둔 정보화 세대에서 점차 창의성, 감성, 거시적 안목이 중시되는 개념의 시대(Conceptual Age)로 이동하고 있다."고 지적했다. 구글의 알파고 이후 우리 사회는 그 변화를 실감하고 있다. 미래 사회는 예술적 미와 감정의 아름다움을 창조해내고, 관계가 없어 보이는 아이디어를 결합하여 새로운 것을 창조해내는 능력이 경쟁력이 되는 시대다. 우리는 어디에서 꿈과 희망을 찾고, 그것을 구체화할 수 있는 답을 얻을 것인가. 책은 최상의 조언자, 조력자이자 창의력의 원천이 될 수 있다. 책 속에서 우리는 내일 가야 할 길과 이정표를 찾을 수 있다. 기말시험이 끝났다. 좋은 책 몇 권을 골라 정독할 계획을 세우자. 지혜로운 사람들은 책을 읽기 위해 여름휴가를 기다린다.

미역국

    고3 수험생 엄마가 찾아왔
다. 아들은 몸과 마음이 약해 늘 아프고 불안해한다며 도
와줄 수 있는지를 물었다. 이야기하는 도중에 아이가 가리
는 것이 많다고 했다. 시험 치는 날은 아침을 먹으면 속이
불편하다며 굶는다고 했다. 특히 참기름이 든 음식이나 미
역국을 먹으면 시험에 떨어진다며 절대로 그런 음식은 먹
지 않는다고 했다.

  '징크스'란 그리스에서 마술에 이용되던 새 이름으로
불운을 가져오는 재수 없는 것이나 불운, 불길을 의미한
다. 징크스는 자기가 바라는 대로 되지 않고 비켜가기만

하는 머피의 법칙이나, 자신에게 유리한 일들만 생기는 샐리의 법칙과는 다르다. 자기 자신이 통제하기 어려운 우연적 상황을 극복하거나 대비하기 위해 행하는 자기 암시나 최면 등은 모두 징크스라는 그물망에서 이루어지는 행위라 할 수 있다. 대부분의 사람들은 정도의 차이만 있을 뿐 개인적 차원, 또는 소속 집단 차원의 징크스를 가지고 있다. 징크스는 우리의 일상생활 곳곳에 거미줄처럼 자리 잡고 있으며, 여기에서 완전히 자유로운 사람은 많지 않다. 징크스는 언제 닥칠지 모르는 위험으로부터 자신을 보호하려는 의도에서 비롯된다.

나는 학생과 상담을 했다. 올해 수능시험을 잘 칠 수 있는 방법을 가르쳐 주면 실천해 보겠느냐고 물었다. 학생은 따라하겠다고 했다. 나는 다음 사항들을 꼭 실천해 보라고 말했다. 평소에 푹 자고, 깨어있을 때 집중하는 습관을 들이자. 아침은 반드시 먹고 가자. 수업시간에는 이해에 중점을 두며 집중해서 듣자. 이해가 안 될 경우 미루지 말고 그날 중으로 교무실에 가서 질문하자. 하루 20분 정도 맨손체조나 스트레칭을 하자. 토·일요일 중 한나절은 책을 떠나 산책이나 운동을 하라고 했다. 학생은 비교적 실천을 잘했다. 그 이후 한 달에 한 번 정도 만나 가볍게 대화를 나누며 수험생활 전반에 관해 이야기를 나누곤 했다.

6월 모의평가 전에 학생을 불렀다. 모의고사 치는 날 미역국을 먹고 가서 시험을 쳐보라고 했다. 미역국은 소화도 잘 되고, 미역처럼 매끄럽게 문제가 잘 풀릴 것이라고 말했다. 미역국은 수능 고득점에 정말 도움을 주는 음식이라고 되풀이해 강조했다. 미역국을 먹고 학생은 평소보다 성적이 더 잘 나왔다. 학생은 신이 나서 시험 때마다 미역국을 먹었고, 9월 모의평가 때도 미역국을 먹었다.

수능 사흘 전에 도시락으로 뭘 가지고 가겠느냐고 묻자 미역국을 가져 가겠다고 했다. 실제 수능시험에서 최고로 잘 친 모의고사보다 성적이 더 잘 나왔다. 징크스는 심약한 인간이 스스로에게 만드는 거미줄과 같은 자기 함정이다. 새는 거미줄을 뚫고 지나가지만 파리나 모기는 걸리게 된다. 뿌린 대로 거둔다는 사실을 믿고, 자신감에 충만한 사람에게 징크스란 없다. 나는 찾아온 학생의 손을 꼭 잡아주었다. 현실이란 인간의 가능성을 제한하는 숙명적 불변이 아니라, 참된 인간적 용기에 의해 무한히 확장될 수 있는 창조적 가변이라는 말도 상기시켜 주었다. 그날 우리는 같이 미역국을 먹었다.

입시 개편안보다 중요한 것

수시 상담을 하며 학생부와 자기소개서를 많이 읽고 있다. 안타깝게도 차이를 별로 느낄 수가 없다. 다 비슷하다는 말이다. 최상위권 학생은 더욱 우열을 가리기가 힘이 든다. "자기주도 학습으로 전 과목이 최고이며 창의력이 돋보이고, 매사가 타의 모범이 되고, 배려의 마음 또한 남다르고…." 이런 내용이 거의 비슷한 어조와 어휘로 기록되어 있다. 학교가 달라도 마찬가지다. 나는 상담을 마치고 하루를 정리하면서 날마다 고개를 절레절레 흔든다. 전국의 입학사정관들은 어떻게 하면 그 짧은 시간에 그 많은 학생부를 다 읽고 평가할 수 있을

까? 그 대단한 식별 능력은 어디서 나오는가? 평생 비교적 열심히 남의 글을 읽으며 많은 글을 써 왔지만, 대학에서 나에게 학생부나 자기소개서 평가를 맡긴다면 능력이 없다는 사실을 솔직하게 고백하고 거절할 것이다.

학생부종합전형으로 명문대에 합격한 학생의 학생부나 자기소개서는 전국 모든 학생과 학부모, 교사들이 읽고 참고했다. 그러다보니 같은 학과나 계열에 지망하는 학생의 학생부 내용이나 자기소개서는 거의가 비슷하다. 모범 예시답안에 근접하는 기록을 하려다 보니 모두가 비슷해진 것이다. 유사도 검사에 걸리지 않아도 담고 있는 내용과 맥락은 거의 같다. 실상이 이렇다보니 대학이 자사고, 특목고, 좋은 학군 아이들에게는 은밀하게 고교등급제를 적용하여 가산점을 부여하는 것이 아닌가 하는 오해가 생겨나는 것이다. 합격한 학생과 비교해 볼 때, 교과·비교과 등 거의 모든 면에서 모자라지 않는데 출신 지역이나 출신 학교가 저평가되어 손해를 본다는 불신감에 대해 대학 당국은 설명할 수 있어야 한다.

자로가 공자에게 물었다. "들은 것은 바로 실행해야 하는지요?" "아버지나 형과 같은 어른이 있으면 어찌 들은 것을 바로 실행할 수 있겠느냐"라고 답했다. 어른에게 물어본 후에 그들이 옳다고 하면 실행하라는 말이다.

다른 제자 염유가 공자에게 물었다. "들은 것은 바로 실행해야 하는지요?" "들으면 바로 실행해야 한다."라고 답했다. 주저하지 말고 즉시 실행하라는 말이다. 옆에서 대화를 지켜보고 있던 공서화가 공자에게 물었다. "선생님께서는 왜 같은 질문을 두고 자로와 염유에게 다른 답을 주시는가요? 저는 몹시 당혹스럽습니다." "자로는 평소 다른 사람을 앞질러 나가는 성격이라 물러서게 하였고, 염유는 물러나는 성격이라 바로 앞으로 나아가게 한 것"이라고 공자가 답했다. 자로에게는 신중하게 행동하도록 가르치고, 염유에게는 과감한 실천력을 기르도록 도와준 것이다. 논어 '선진편'에 나오는 내용이다. 정말 놀랍다.

우리 스스로에게 물어보아야 한다. 학생 개개인의 개성과 취향, 적성을 세심하게 고려하여 진정한 맞춤식 교육을 하고 있는가. 교육 당국, 교육학자, 교사, 학부모 모두가 시간을 두고 진지하게 고민하며 해법을 내놓아야 한다. 미래를 위해 아이들에게 '무엇을, 어떻게 가르칠 것인가'에 대한 깊은 성찰이 없다면 그 어떤 입시개편안도 소용이 없을 것이다.

창조적 사고

　　　　　　　우리는 태어나서 죽을 때까지 끊임없이 선택을 강요당한다. 돌 지나 겨우 말을 배우기 시작할 무렵이면 할머니와 할아버지 중 누가 더 좋은지 선택하라는 질문을 받는다. 어느 한쪽을 선택하면 다른 쪽이 섭섭해한다. 답하지 않거나 둘 다 좋다고 말하면 발육이 더딘 아이, 또는 영악한 아이로 간주된다. 세상에는 원하는 답을 들을 때까지 계속 다그치는 악취미를 가진 사람들이 많다. 그런 경우 아이가 울음을 터뜨려야 그 부질없는 강요는 중단된다.

　많은 사람이 어린 시절부터 이와 비슷한 경험을 자주 하기 때문에 무엇을 선택할 때는 자신도 모르게 주변의 눈치를 살피게 되고, 그로 인해 어떤 불이익을 받을지를 본능적으로 계산하게 된다. 이런 과정을 거치면서 우리는 곤란한 상황에 처하지 않기 위해서, 또는 지금 당장 득을 볼 수 있다면 거짓말을 할 수도 있다는 점을 자연스럽게 받아들이게 된다.

학교에 입학한 이후부터 우리는 정말로 엄청나게 많은 선택을 해야 한다. 단순하게 맞고 틀리고를 고르는 OX 문제에서 알고 있는 지식을 총동원하여 답을 골라야 하는 오지선다형 수능문제에 이르기까지 그 종류는 다양하다. 말로는 토론식 교육을 강조하지만 수능시험은 여전히 객관식 선다형 문제다. 해마다 수능시험 직후에는 '정답 이의 신청기간' 이라는 것이 있다. 매년 엄청난 이의 제기가 있고 간혹 정말로 문제가 발생하기도 한다. 깊은 사고력이나 창의력보다는 누군가는 실수로 틀리도록 매력적인 오답을 만들어야 하기 때문에 이런 웃지 못할 상황이 발생한다.

판사로부터 '예, 아니요' 로만 답하라고 주의를 받은 피고가 판사에게 질문했다. "판사님은 묻는 말에 '예, 아니요' 라고만 답할 수 있나요?" 판사가 그럴 수 있다고 하자 피고가 판사에게 물었다. "판사님, 판사님은 요즘도 부인을 계속 때리시나요?" 아내를 때린 적이 없는 판사는 이 질문에 답할 수가 없었다. 어느 쪽으로 답하든 아내를 때린 사실이 있다는 점을 인정하기 때문이다. '모모'의 작가 미하엘 엔데가 들려주는 이야기다.

철학자 에밀 샤르티에는 "당신이 단 하나의 생각만 가지고 있을 때가 가장 위험하다."고 말했다. 어떤 사안을 두고 단 하나의 해결책만 제시하거나 보기를 나열해 놓고 그 중에서 가장 적당한 것이나, 가장 거리가 먼 것만을 선택하게 해서는 안 된다. 피고가 판사에게 한 질문에서 알 수 있듯이 대답을 하기 전에 질문 자체의 타당성을 문제 삼을 수 있어야 한다. 모든 보기도 토론 대상이 되어야 한다. 때론 확실하고 분명한 것보다는 모호함을 인정하고 용인하며 그것을 즐길 수 있어야 한다. 상식적이지 않고 바보 같다는 말을 두려워하지 말아야 한다. 남들로부터 논리적이지 않다는 소리도 즐거운 마음으로 들을 수 있어야 한다. 창조적 사고는 기존의 방식에 특별한 의미와 가치를 부여하지 않을 때 촉발되는 경우가 많다. 이제 단선적인 사고방식에서 벗어나 다양성을 중시해야 한다. 우리는 '차이'가 '가치'인 시대를 살고 있다.

창의력 배양을 위한 방학

　　　　　　　2009년 교육과혁신연구소
이혜정 소장은 우등생의 공부 비법을 찾아 다른 학생에게
소개할 목적으로 연구를 시작했다. 두 학기 연속으로 학점
평균 4.0을 넘긴 최우등생 46명과 인터뷰를 했다. 그 중 41
명은 시험이나 과제물에 답할 때 교수와 생각이 다르면 자
신의 의견을 포기한다고 했다. 연구팀은 서울대 일반학생
1천213명을 설문조사하여 최우등생과 비교했다. 최우등
생은 비판적 사고와 창의적 사고가 가장 우수한 학생이 아
니고 강의 내용을 토씨 하나 빼지 않고 그대로 필기하여
아무 생각 없이 달달 외는 수용적 사고를 가진 학생이었

다. 이 결과를 보고 연구팀은 공부 비법 알리기를 포기했다. 이혜정 교수의 '서울대에서는 누가 A+를 받는가'에 나오는 내용이다. 서울대 공부 선수들은 지루한 필기와 맹목적 암기를 견디어 내는 인내심이 탁월할 뿐이었다.

교수들은 이런 현실이 가지는 문제점을 누구보다 잘 알고 있지만 어쩔 수 없다고 말한다. 질의응답과 토론을 중시하며 다소 주관적 판단을 해야 하는 비판적이고 창의적인 답안지에 높은 점수를 주면, 학생들은 평가의 공정성에 의문을 제기할 뿐 아니라 강의평가도 나쁘게 한다는 것이다. 무엇보다 이런 교수에겐 수강신청을 하지 않기 때문에 서로가 편한 주입식 강의와 교재와 수업 내용을 단순하게 재생하게 하는 평가를 계속할 수밖에 없다는 것이다.

서울대 최우수 학생의 87%는 교수의 말을 그대로 받아 적었다. 그들은 비판적, 창의적 사고력보다는 수용적 사고력이 더 높다고 말했다. 그러나 미시간대학 학생들은 교수가 말한 내용을 그대로 받아들이는 수용적 사고력보다는 비판적, 창의적 사고력이 더 높다고 답했다. 그들은 학년이 올라갈수록 수용적 사고력는 더 낮아졌고, 교수의 말을 그대로 받아 적지도 않았다. 노트필기 방식과 학점은 전혀 상관관계가 없다고 이혜정 교수는 지적한다.

심리학자 조너선 하이트는 "이성은 열정의 노예이며 또 반드시 그렇게 되어야 한다."는 데이비드 흄의 말에 동의

하며 '이성은 기수이고 감정은 코끼리'라고 했다. 이성인 기수가 감정인 코끼리를 이끌 수도 있지만, 코끼리가 스스로 움직이기 시작하면 기수는 속수무책이기 때문이다. 인간은 감정의 동물이고 감정의 힘은 이성보다 훨씬 강하다. 우리는 평소 이성을 강조하며 감정을 드러내지 말라고 강요 당한다. 그러나 코끼리가 움직이면, 다시 말해 감정이 폭발하면 이성은 아무 힘도 없이 허물어진다. 그러기 때문에 평소 감정을 제대로 표현하고 다스리는 훈련을 해야 한다.

우리는 자명한 것을 의심하며 새로운 관점에서 생각하는 습관과 능력이 경쟁력인 시대를 살고 있다. "교육이란 당신이 학교에서 배운 것을 다 잊고 남은 그 무엇이다"라고 한 아인슈타인의 말을 곰곰이 생각하며 방학 때만이라도 하고 싶은 것을 해보고, 밖으로 나가보자. 평일이 어렵다면 주말에라도 그렇게 해보자.

공부와 일을 즐기려면

고3 때 수능 수학에서 원점수로 52점을 받아 아무 데도 합격하지 못해 다시 공부한 학생이 2018학년도 수능 시험에서는 96점을 받았다. 공부한 방법을 물어보니 두 가지 면에서 고교 시절과 달랐다.

"고3 때 시중에 나온 문제집과 모의고사 문제는 거의 다 풀었습니다. 그런데도 절반밖에 맞히지 못했습니다. 내가 직접 풀기보다는 남의 설명을 듣는 시간이 더 많았습니다. 시험 시간에는 잘 쳐야 한다는 부담감 때문에 지나치게 긴장했고, 그러다 보니 머리가 얼어붙는 것 같았습니다. 다시 공부를 시작하면서 생각을 바꾸었습니다. '수학을 미워하지 말고, 즐기도록 하자.'고 다짐했습니다. 선생님께서 쉬운 책을 골라 5번 이상을 풀어보라고 하셨는데 저는 같은 책을 10번 이상 풀었습니다. 그렇게 하니 기본 개념이 확실하게 내것으로 소화되었습니다. '수학 시험을 망치면 내 인생도 망한다.'는 생각을 버리고 '내가 공부한 것을 스스로 테스트하며 즐기는 시간이다. 나는 정말 수학과 친하고 싶다.'고 생각했습니다. '시험을 잘 쳐야 한다.' 대신에 '나는 잘할 수 있고 잘하고 싶다.'고 말하며 시험에 임하곤 했습니다. 시험을 못 쳤을 때도 '점점 좋아지고 있어, 다음엔 더 잘 할 거야'라며 내 자신을 격려했습니다."

수학만 그런 것이 아니다. 세상 모든 일에 같은 이치가 적용될 수 있다. 세계적인 첼리스트 요요마가 1년을 준비하여 19세 때 뉴욕에서 독주회를 열었다. 열심히 준비했기 때문에 모든 것이 잘 진행되었다. 그런데 연주 도중 갑자기 '이건 너무 지루해'라는 생각이 들었다. 무대 위에서 완벽해야 한다는 생각과 자기 자신이 아닌 다른 사람들에게 어떻게 들릴까에 신경쓰다보니 즐거운 마음으로 연주에 몰입할 수 없었다. 살아있는 생동감도 물론 느끼지 못했다. 결국은 완벽해야 한다는 마음이 문제였던 것이다. 요요마는 그 순간 '해야 한다(should)'를 '하고 싶다(want to)'로 바꾸었다. '완벽해야 한다'를 '완벽하고 싶다'로 바꾸니 생동감 넘치는 연주를 할 수 있었다고 했다.

부모와 자녀 사이에 강제와 의무를 뜻하는 대화가 줄어들면 훨씬 행복해질 수 있고, 학업 생산성도 높일 수 있다. "아빠는 너희들을 공부시키기 위해 밖에서 힘들게 일하고 있다. 엄마가 동창들 모임에도 안 나가고 집에서 너희들 뒷바라지만 하는 이유는 오로지 너희들을 명문대에 합격시키기 위해서다. 그러니 너희들도 모든 유혹을 물리치고 놀지 말고 공부하고, 자지 말고 공부해라." 이런 말은 부모와 자녀 어느 누구도 행복하게 만들지 못한다.

어른 아이 할 것 없이 누구를 위해서가 아니고 나 자신의 꿈을 실현하기 위해 자발적으로 일하고 공부하는 자세가 중요하다. 공부에 긍정적인 의미와 가치를 부여하면 어려운 문제도 두렵지 않고, 매사에 자신감을 가지고 도전하게 된다. '해야 한다'는 의무감보다는 '하고 싶다'는 자발적 결단에 의해 일하고 공부하며 그 모든 과정을 즐기는 생활을 해보자.

수능시험을 앞두고

포항지진으로 수능시험이 한 주 연기되었을 때 상당수의 수험생들이 혼란에 빠졌다. 일부 학생들은 컨디션 조절 난조로 정신적인 공황 상태와 무력감 등의 고통을 호소했다. 그런 증세는 수험생 자신의 탓도 있지만, 주변 사람들과 수능시험을 국가적 중대사로 연일 크게 보도하는 언론의 지나친 관심 탓도 크다.

프로이센의 철혈 재상 비스마르크가 젊었을 때 있었던 일이다. 친구와 사냥을 나갔다가 깊은 산골짜기에 다다랐다. 썩은 나무다리가 있었다. 비스마르크가 다른 길을 찾고 있는데 성미가 급한 친구는 그 다리로 건너다가 그만

다리가 부러졌고 물에 빠졌다. "흘러내리는 모래에 파묻혀 죽겠어, 제발 살려줘."라고 친구가 외쳤다. 비스마르크는 친구를 구하려고 하지 않고 그를 향해 총을 겨누며 말했다. "내가 늪 속에 뛰어들면 같이 죽어. 너는 지금 죽을 수밖에 없어. 고통에서 빨리 벗어날 수 있도록 네 머리를 쏴야겠어. 좀 가만히 있어. 제대로 겨냥할 수가 없어." 살려달라고 고함을 지르며 허우적대던 친구는 비스마르크의 말과 태도에 격분했다. "그래, 두고 보자."라고 말하며 사생결단의 몸부림으로 그 수렁에서 가장자리로 빠져 나왔다. 그때서야 손을 잡고 당겨주며 비스마르크가 말했다. "여보게 친구, 나는 네 머리통이 아니고, 포기하려는 네 마음에 총을 겨눈 거야. 내가 늪 속에 뛰어들었다면 같이 죽었을 거야." 친구는 "너의 침착함이 나를 구했구나."라며 놀라워했다.

수능시험·취직시험 등은 경쟁 사회를 살아가는 사람들 대부분이 반드시 거쳐야 하는 통과의례다. 수능시험 날이라고 온 나라가 들썩일 필요가 없다. 수험생과 학부모 등 이해당사자들만 당일 조용히 침착하게 움직이면 된다. 나머지 사람들은 수능시험이 언제 지나갔는지도 모르는 게 좋다. 나는 그런 날이 올 때 우리 사회가 비로소 정상적인 상태로 진입하게 될 것이라고 생각한다. 시험 한 번 잘 쳐서 명문대에 입학하면 죽을 때까지 기득권이 보장되는 시대는 지났다.

　아는 지인의 자녀가 시험 치면 우리는 초콜릿, 엿, 찹쌀떡 등을 주며 요란하고 성가시게 격려한다. 주는 사람의 성의를 생각하면 버릴 수가 없다. 보관하자니 마땅한 공간도 없다. 이런 관심이 일부 수험생 가정에서는 고통으로 작용하는 경우가 있다. 수능시험 날 아침 후배들이 고사장 앞에서 교가를 제창하고 박수를 치며 입실하는 선배들을 떠들썩하게 응원한다. 언론은 그 광경이 미풍양속인 양 자세히 보도한다. 이 터무니없는 소란은 후배의 도리이자 미덕으로 간주된다. 그 과정을 거친 많은 사람들은 그런 푸닥거리가 격려와는 거리가 멀고, 마음을 차분히 가라앉히고 결전의 의지를 다지는데 오히려 방해가 된다고 말한다.

　한 번 시험으로 나머지 모든 것을 평가해서는 안 된다. 우리는 이제 죽는 날까지 배우고 공부하며 경쟁해야 살아남을 수 있는 시대를 살고 있다. 수험생이 도전적인 자세로 침착하게 시험을 칠 수 있도록 그 소용돌이 밖에서 조용히 마음을 모아주는 풍토를 조성해야 한다.

창조와 혁신

　　　　　　　평범한 시골 소년에서 수학
의 노벨상이라는 필드상까지 받은 수학자 히로나카 헤이
스케가 쓴 『학문의 즐거움』은 우리나라에서도 장기간 베
스트 셀러였다. 그는 대학 3학년이 돼서야 수학의 길을 선
택한 늦깎이 수학자였다. 그는 창조의 기쁨 중 하나는 자
기 속에 잠자고 있는 전혀 생각하지 못했던 재능이나 자질
을 찾아내는 것이라고 말하며, 천재가 아닌 보통 사람이
무언가를 창조해내기 위해서는 그 이전에 '배운다'는 단
계를 거치지 않으면 안 된다고 했다.
　하버드대 사회심리학과 아마빌 교수는 창조적인 사람의

세 가지 요건으로 '지식과 경험' '창조적 사고' '일에 대한 열정과 몰입'을 들었다.

창조적인 인재가 되려면 먼저 해당 분야에 대한 체계적이고 전문적인 지식이 있어야 한다. 욕조에 몸을 담그는 순간 '나는 발견했다(Eureka)'를 외친 아르키메데스는 밀도와 중량에 대한 연구를 꾸준히 해 온 당대 최고의 물리학자였다. 청년시절 피카소는 사진처럼 정밀하게 대상을 묘사할 수 있었다. 바탕 지식과 경험이 탄탄해야 기회가 올 때 창조의 꽃은 필 수 있다. 피터 드러커 경영대학원의 미하이 칙센트미하이 교수는 창조성이 있느냐 없느냐는 '문제의 발견'에서 결판난다고 말했다. 그는 똑같은 장소에서 그림을 그리게 해도 독창적인 화가는 다른 화가들이 택하지 않는 소재와 관점을 선택한다고 했다. 뉴턴은 사과가 떨어지는 것을 그냥 예사롭게 바라보지 않았다. 일에 대한 열정과 몰입도 창조적 인재를 가름하는 잣대가 된다. 몰입이 창조를 완성한다는 것이다. 전문가들은 창의성은 지능지수와 크게 상관이 없다는 사실을 강조한다.

창조와 혁신을 위해서는 개인적인 노력도 중요하지만 창의적인 아이디어를 서로 이야기하며 영감을 얻을 수 있는 환경과 분위기도 중요하다. 캐나다 맥길대 케빈 던바 교수는 1990년 분자생물학연구소 4곳에 카메라를 설치해 연구원들을 관찰했다. 영상을 분석해보니 혁신적인 아이디어를 얻는 시점은 연구원 개개인이 현미경을 바라볼 때가 아니고 동료들과 커피를 마시며 이야기를 나눌 때라는 사실을 밝혀냈다. 자신의 아이디어를 동료들에게 말하고 그것을 발전시키는 과정에서 혁신적 발상이 생겨난다는 것이다.

일본에 통산 24번째 노벨상을 안긴 올해 노벨생리의학상 수상자 교토대 혼조 다스쿠 특별교수의 신념과 어록이 연일 화제가 되고 있다. 그는 "네이처나 사이언스에 수록되는 연구의 90%는 거짓말로 10년 후에는 10%만 남는다. 나는 다른 사람이 쓴 것을 믿지 않고 내 머리로 생각해서 납득될 때까지 연구하는 방식"이라고 말하며 "연구는 무언가를 알고 싶어 하는 호기심이 없으면 안 된다."고 했다. 그는 또한 "실험에서 실패는 당연한 것이다. 그 실패 때문에 주눅들면 안 된다. 연구에 불가능은 없다. 반드시 길이 있다고 믿고 연구해 왔다."고 했다. 대책 없이 부러워하거나 자책하기보다는 목전의 가시적 성과만 중시하는 우리 사회의 지적 풍토와 분위기를 냉청하게 성찰해볼 필요가 있다.

시험불안

'불안'의 사전적 정의는 '마음이 편하지 않고 조마조마한 상태'다. 심리학에서는 '특정한 대상 없이 막연히 나타나는 불쾌한 정서적 상태, 안도감이나 확신이 상실된 심리 상태'를 말한다. 아는 것을 실수로 틀리거나, 운 나쁘게도 공부하지 않은 곳에서 출제되거나, 경쟁자보다 점수가 안 나오면 어떡하나 등의 심리에서 비롯되는 우울, 의욕상실, 불면, 식욕부진 같은 것이 시험불안 증상이다. 정도의 차이는 있지만 순위나 당락이 결정되는 시험 앞에서 불안하지 않은 사람은 거의 없다. 다만 그 불안감에 휘둘려서 제 실력을 발휘하지 못하거나,

아무것도 할 수 없는 공황 상태에 빠질 때 문제가 생긴다.

　종류에 관계없이 불안은 일반적으로 부정적인 속성을 가진다. 그러나 불안감이나 두려움이 전혀 없는 것도 문제다. 적당한 불안감은 사람을 조심하게 하고 긴장하게 하여 보다 적극적으로 위기에 대처하게 한다. 적절한 불안감은 긍정적인 측면이 더 많다. 에드바르트 뭉크의 작품 '절규'가 보여주듯이 불안감과 결핍감은 위대한 예술을 낳는 창조적 에너지가 되기도 한다. 인류 역사는 숨 막히는 선택과 결단의 순간에 발생하는 불확실성과 불안에 대한 투쟁이 거둔 인간승리의 흔적이라고 할 수 있다. 그러나 불안을 극복하지 못하고 그것에 잠식당하면 모든 잠재능력은 힘을 잃고, 궁극에는 파멸에 이르게 된다.

　"불안은 욕망의 하녀다. 돈과 지위에 대한 갈망이 지나치면 사람을 잡는다." 알랭 드 보통의 저서 '불안'에 나오는 말이다. 불안은 욕망 때문에 생기는 증세다. 더 많은 수입, 명예, 지위, 더 높은 점수 등을 갈망할 때 불안은 야기된다. 학생들의 불안은 상대적인 것에서 발생하는 경우가 많다. 상위권에 못 들거나, 현재의 위치를 유지하지 못 할까봐 또는 경쟁하는 친구보다 점수가 안 나올까봐 걱정할 때 불안감은 생겨난다. 경쟁에 대한 극심한 압박, 부모님의 지나친 기대 때문에 시험불안 증세는 악화되는 경우가 많다. 불안이란 결국 기대치와 현실 사이의 간극을 견디지 못하는 데서 발생한다.

불안은 그 감정에서 도망치려하면 점점 더 강하게 사람을 옥죈다. 최선의 해결책은 정면 대결하는 것이다. 공부할 때 생기는 불안은 공부에 몰입할 때 사라진다. 독일의 심리학자 프리츠 리만은 "피할 수 없다면 불안과 함께 걸어가라"고 충고한다. 시험을 목전에 두고 충분하게 준비가 되어 있다고 생각하는 학생은 드물다. 결과에 너무 신경 쓰지 말고 주어진 시간 동안 최선을 다해 공부한 후 결과를 담담히 받아들이겠다는 생각을 하면 다소 마음이 편안해진다.

시험공부를 할 때 먼저 이해한 후 암기하려고 노력하자. 어떤 내용이든 이해가 되면 암기는 훨씬 쉽다. 한꺼번에 한 과목을 다 끝내겠다는 학습법보다는 하루 두세 과목을 공부하며 자주 반복하여 읽는 것이 바람직하다. 과정에 충실하면 결과도 좋을 것이란 확신을 가지고 최선을 다하면 불안감은 사라지고 기대 이상의 성적을 얻게 될 것이다.

내 마음속 선생님

　　　　　그 시절에는 교실이 모자라
초등학교 3학년까지는 오전반, 오후반으로 운영되었다.
오전반 학생과 4학년 이상 고학년 학생 모두에게는 점심
때마다 강냉이 죽을 끓여 먹였다. 오후반일 때는 1시까지
등교하면 되지만, 나는 선생님의 지시에 따라 12시 30분
까지 학교 급식소로 가야 했다. 선생님은 나를 번쩍 들어
의자에 앉히고는 준비해둔 강냉이 죽을 한 그릇 주셨다.
나는 선생님이 보는 앞에서 다 먹어야 했다. 선생님은 늘
아무런 말없이 나를 바라보셨다. 나는 키가 작고 안색이
창백했다. 선생님은 내가 영양실조라고 생각하셨음에 틀

림없다. 그때 통신표를 보니 이렇게 적혀 있다. '운동신경은 왕성하나 키가 작은 편임. 요충과 편충이 있음.' 초등학교 2학년 때의 일이다. 어른이 된 지금, 나는 사람을 만나면 열심히 밥을 산다.

어느 겨울날 선생님이 나를 부르셨다. 선생님은 빈 교실로 나를 데리고 가서는 두툼한 보따리를 풀었다. 모직 스웨터와 코트 등 고급 아동복 여러 벌을 펼치면서 나에게 입어보라고 하셨다. 코트와 바지가 내게 너무 컸다. 선생님은 코트 소매와 바지 끝 부분을 나에게 맞게 접고는 분필로 표시를 했다. 그 다음 날 손수 수선해서 나에게 입혀주셨다. 선생님의 늦둥이 동생이 나보다 두 살 위라고 했다.

시골 학교는 봄과 가을에 4~5일 정도 가정 실습을 했다. 농번기에 집안일을 돕게 하기 위해서다. 가정 실습이 끝나고 학교에 갈 때는 추수가 끝난 들판에서 주운 보리나 벼 이삭을 가지고 가야 했다. 학교에서는 그것을 모아 판 돈으로 도서관에 책을 사 넣었다. 나는 유난히 책읽기를 좋아했다. 간혹 저녁도 굶고 책을 읽었다. 선생님이 숙직인 날은 자정까지도 책을 읽을 수 있었다. 어느 겨울, 새벽까지 책을 읽었다. 집에 가기 전에 숙직실 문을 두드리자 선생님께서는 귀찮은 기색 없이 도서관 문을 잠그고는 교문까지 나를 바래다주며 조심해서 가라고 하셨다. 나는 교실한 칸짜리 도서관에 있는 책을 다 읽었다. 나는 등사기로 밀어 만든 '독서왕'이라는 상장을 받았다. 아직도 그 얇은 상장을 자랑스럽게 고이 간직하고 있다.

빌 게이츠가 다보스 포럼에서 각국 정부는 교육에 더 많은 투자를 하라고 한 적이 있다. 인터넷과 컴퓨터가 아무리 좋은 교육 보조 자료로 활용되어도 교육은 궁극적으로 교사와 학생 사이에서 면대면(face to face)으로 완성된다고 했다. 교육은 어떤 시대, 어떤 상황 속에서도 아날로그적인 방식으로 완성되는 것이다.

선생님은 많이 가르치려고 하지 않으셨다. 끊임없이 이해가 되느냐고 물으셨다. 모른다고 하면 알 때까지 반복하여 설명해 주셨다. 선생님은 내가 죽을 먹을 때나 도서관에서 책을 읽을 때, 그 어떤 순간에도 말없이 기다려 주셨다. 지금까지 살아오면서 크고 작은 난관에 부딪힐 때마다 나는 선생님의 손길과 눈길을 기억하며 다시 힘을 내곤 한다. 나의 초등학교 2학년 때의 담임, 내 유년을 한없이 따뜻하게 해 주신 이현숙 선생님, 선생님은 하늘나라에서도 나와 같은 아이들을 가르치고 계실 것이다.

부모의 생각이 바뀌면 자녀의 미래가 달라진다
윤일현 지음 | 234쪽 | 10,000원

부모의 생각이 바뀌면 자녀의 미래가 달라진다
중국에서 발간된 부모생각 표지

2009년 출간 이후 수많은 학부모들이 꾸준하게 찾는 스테디셀러다. 자녀 교육에 대한 혁명적인 발상과 누구나 마음만 먹으면 실천할 수 있는 사례를 풍부하게 담고 있는 교육 지침서이다.

교육평론가인 저자는 학력 향상의 중요성을 그 무엇보다도 강조하며 최상위권에 진입할 수 있는 구체적인 학습 방법을 제시한다. 그러면서도 인성과 품성, 인문적 교양을 위해 나아가야 할 다양한 길을 보여준다.

이 책이 가지는 최고의 미덕은 부모에게는 자녀 양육의 기쁨을, 자녀에게는 배움의 즐거움을 깨닫게 해 준다는 것이다. 저자의 독보적인 교육 방법은 이제 중국 학부모들로부터도 큰 호응을 얻고 있다.

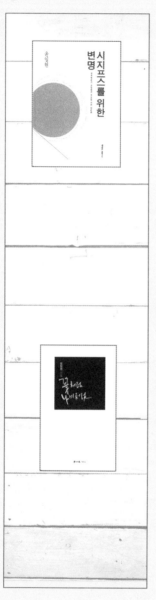

·시지프스를 위한 변명
: 교육평론가 윤일현의
부모를 위한 인문학
윤일현 지음 | 240쪽 | 12,000원

4차산업혁명의 급속한 진전을 목격하면서, 미래에 대해 막연한 불안감을 가지고 있는 학생과 학부모들에게 방향을 잡을 수 있게 도와주는 인문 교양서이다.
독서광인 저자는 수많은 책에서 뽑아낸 주옥같은 명구들을 미래로 가는 이정표에 붙여 준다. 표현력이 생존수단이 되는 미래를 위해 저자는 특유의 지적이면서도 감성적인 문장을 통해 좋은 글쓰기의 전형을 보여 준다.
저자는 어떤 책을 어떻게 읽어야 하며, 읽은 내용을 배우고 가르치는 일에 어떻게 접목해야 하는가를 구체적인 사례로 잘 설명해 주고 있다. 이 책은 학생과 학부모 모두에게 지적 호기심을 유발하여 책읽기와 공부의 즐거움을 깨닫게 해 준다.

꽃처럼 나비처럼
윤일현 지음 | 80쪽 | 8,000원

1996년 4월 28일 대구 상인동 지하철 공사장에서 도시가스 폭발 사고가 일어나 300명이 넘는 사상자가 나왔다. 사고 당일 아이를 잃은 엄마가 몸부림치며 통곡하는 장면을 목격하고, 그 유족들을 위로하기 위해 쓴 장시다.
시인은 비슷한 사고의 재발을 막기 위해 사고 발생 원인과 처리 과정을 자세히 기록하고 있다. 시인은 현대 사회에 잠재되어 있는 모든 위험에 대처하기 위해서는 시민적 연대가 필요하다는 점을 특히 강조하고 있다.